Dagmar von Gersdorff

Goethes späte Liebe

Die Geschichte
der Ulrike von Levetzow

Insel Verlag

Insel-Bücherei Nr. 1265

Nachweise am Schluß des Bandes

Ulrike von Levetzow. Pastellbild

I.
Der Sommer 1821

Er zeichnete mich bei jeder Gelegenheit aus …

Dreimal ist Goethe zur Kur in Marienbad gewesen. Im Juli 1821 lernte der zweiundsiebzigjährige Dichter Ulrike von Levetzow im Haus ihrer Großeltern kennen, traf die Achtzehnjährige im Jahr darauf wieder, schon da von ihrem freundlichen Wesen, ihrer lieblichen Erscheinung angetan, und kam zum dritten Mal im Sommer 1823 bereits als ein altvertrauter Freund ins Haus.

Je öfter Goethe Ulrike sah, desto besser gefiel sie ihm. Je intensiver er sich ihr zuwandte, desto mehr wuchs sein Interesse. Goethe las Ulrike aus seinen Büchern vor, verglich sie mit *Iris*, der Götterbotin, und wünschte, sie käme ihm *auf halbem Weg entgegen*. Ihre Gegenwart tat ihm wohl. Man unterhielt sich ganze Abende lang auf der Terrasse und im Garten, beglückt durch Gespräche und gegenseitige Mitteilung. Die Faszination wuchs. Er dichtete: *Du hattest längst mir's angetan,* und auch sie blieb dem berühmten Mann gegenüber, der sie vor allen anderen auszeichnete, nicht unberührt. Man wanderte gemeinsam in die Berge, traf sich am Brunnen, betrachtete Kupferstiche und Almanache, man besuchte Bälle und tanzte miteinander – bis aus väterlicher Belehrung und gütiger Zuneigung schließlich Neigung und Leidenschaft wurde.

Eigentlich hatte Goethe im Sommer 1821 seine Vaterstadt Frankfurt am Main und die Freunde am Rhein wiedersehen wollen. Seit Christianes Tod fünf Jahre zuvor hatte er keine Fahrt in die Heimat mehr unternommen. Doch auch diesmal rieten ihm die Ärzte zu den böhmischen Bädern: Gerade jetzt,

Marienbad bei Goethes erstem Besuch

als er den Sommeraufenthalt plante, brachte ihm Hofmedikus Dr. Rehbein nicht nur vulkanisches Gestein und Mineralienfunde, sondern auch ein wohlschmeckendes Heilwasser aus Marienbad mit, das von bester Wirkung war. Also beschloß Goethe, den gelobten Ort direkt aufzusuchen und in das böhmische Marienbad zu reisen.

Bedauernd meldete er Marianne von Willemer, der Freundin unvergessener Tage am Main, daß er entgegen seinen Wünschen wieder nicht zu ihr reise. Sie möge ihm auf jeden Fall gewogen bleiben. *Indem ich schreibe statt zu kommen, nach Böhmen gehe statt an den Main, ist mir wunderlich zu Mute und ich darf eine mitempfindende Freundin hoffen.*

Noch wußte Goethe nicht, was ihn erwartete. Als er im Vorjahr von Karlsbad aus kurz auch den Ort Marienbad besucht hatte, meldete er wenig erfreut seinem Sohn: *Mir war es als befände ich mich in den nordamerikanischen Wäldern, wo man in drei Jahren eine Stadt baut.* Wie würde es diesmal sein? Die Sorge, ein unge-

Der Kreuzbrunnen in Marienbad

mütliches Nest vorzufinden, spiegelt sich auch in seinem Abschiedsbillett an Charlotte von Stein. Darin nennt er sich einen *Wandrer,* der *abermals das Weite sucht.* Zwar war es keine Flucht wie damals, als er ohne Abschied in Italien *das Weite suchte,* aber auch diesmal brach er in eine halb unbekannte Gegend auf. Er konnte nicht ahnen, daß sein Entschluß sich als folgenschwer erweisen würde. Mehr als Gestein und Heilwasser würde ihn eine Begegnung beleben, die für ihn von gleichsam vulkanischer Wirkung war.

Am 27. Juli 1821 reiste Goethe ab, *frischen Mutes*, wie Böttiger zu sehen meinte. Nach zwei Tagen erreichte er den Kurort, in dem der Heilquelle wegen eine rege Bautätigkeit begonnen hatte. Marienbad, das noch in der ersten Saison 1815 den Badegästen nicht mehr als sieben aus Holz gebaute Unterkünfte bieten konnte, hatte sich gründlich verändert. Neben den alten Fachwerkhäusern waren stattliche Gebäude errichtet, das sumpfige Gelände war in Park- und Kuranlagen verwandelt, Promenaden

Allee in Karlsbad. Lavierte Federzeichnung von J. W. Goethe

und schöne Alleen waren angelegt worden. Für den Kreuzbrunnen, dessentwegen Goethe gekommen war, wurde eine offene, von einem Dreiecksgiebel bekrönte Säulenhalle errichtet, an die sich die elegante Orangerie mit hohen Glasfenstern anschloß.
In der Marienbader Kurliste vom 29. Juli 1821 findet sich unter Nr. 403 vermerkt: *Seine Exzellenz der Herr Johann Wolfgang von Goethe, großherzogl. Sächs. Großkreuz, aus Weimar.*[1]
Mit Staunen beobachtete der neue Gast den Pioniergeist des kleinen, von bewaldeten Hügeln rings umgebenen Ortes. *Der Plan ist glücklich und erfreulich, die Ausführung streng, die Hand-*

Die Alte und Neue Wiese mit der Johannisbrücke in Karlsbad. Lithographie, um 1840

werker tätig, meldete er seinem für praktische Dinge aufgeschlossenen Freund, dem Musiker und Baumeister Carl Friedrich Zelter nach Berlin.

Als Goethe sein Marienbader Quartier bezog, traf er eine Dame wieder, deren Bekanntschaft er früher schon gemacht und deren Charme ihn auch damals schon beeindruckt hatte. Es war Amalie von Levetzow, die er in neuer Umgebung vor sich sah. Als er die weltgewandte, charmante Dame in Karlsbad 1806 zum ersten Mal traf, hatte er an Christiane Vulpius, die im gleichen Jahr seine Frau wurde, geschrieben: *Frau von Levetzow ist reizender und angenehmer als jemals. Ich bin eine Stunde mit ihr spazieren gegangen und konnte mich kaum von ihr losmachen.*
Anmut und Klugheit der damals frisch geschiedenen Aristokratin waren ihm nicht entgangen, und er trug die neue Bekannte

unter dem Namen *Pandora* in sein Tagebuch ein. Eine merkwürdige Namensgebung: in der griechischen Mythologie ist *Pandora* eine Unheilsbringerin, deren verschlossene Büchse Übel und Leid verbirgt. Doch als Goethe ein Jahr später, 1807, sein Festspiel *Pandora* zu schreiben begann, war sie es, Amalie von Levetzow, die ihm vor Augen stand und ihn zu einer anderen Deutung inspirierte. Bei ihm wurde sie zum Ideal weiblicher Anmut, und im Gegensatz zum Mythos enthält ihre Büchse nicht Not und Verderben, sondern verheißt Liebe, Poesie und Schönheit. Der Dichter selber beklagt den Verlust der *Pandora,* deren Wiederkehr er erhofft. *Pandoras Wiederkehr,* so lautete auch der ursprüngliche Titel des Festspiels.
Zu seiner Überraschung war Goethe Frau von Levetzow im August 1810 in Teplitz zum zweiten Mal begegnet, und wieder war er angetan von ihrer bezaubernden Liebenswürdigkeit. Er denke an sie, versicherte er später ihrer Tochter Ulrike, *als eines glänzenden Sterns meines früheren Horizonts.*
Amalie von Levetzow hat noch erfahren, in welcher Gestalt der Dichter sie verewigt hatte: als Verkörperung einer Schönheit, die niemand, der sie je mit Augen gesehen, wieder vergaß. *Wer von der Schönen zu scheiden verdammt ist, / Fliehe mit abgewendetem Blick!* hatte er gedichtet. Aber er wußte damals nicht, daß *Pandora* in seinem Leben mehr als nur symbolischen Charakter annehmen und er »Pandoras Wiederkehr« erleben würde – wenn auch in anderer Gestalt, als er gedacht hatte.

Elf Jahre waren seit jener zweiten Begegnung vergangen, und weder für ihn noch für Frau von Levetzow waren es leichte Jahre gewesen. Napoleon, der die Länder Europas mit Krieg überzogen hatte, war besiegt und 1816 nach St. Helena verbannt worden. Im gleichen Jahr war Goethes Frau Christiane gestorben. Er war nun Witwer, und hätte sich nicht sein einziger

Das Brösigkesche Haus in Marienbad

Sohn August mit Ottilie von Pogwisch vermählt, so lebte er in seinem großen Haus in Weimar allein. Frau von Levetzow wiederum hatte 1815 ihren Mann in der Schlacht bei Waterloo verloren und war als verwitwete Mutter von drei Töchtern ins Haus ihrer Eltern nach Marienbad gezogen.

Es war ebendieses Haus, in dem Goethe sein Quartier gewählt hatte. Die Besitzer, Friedrich Johann Leberecht von Brösigke und seine Frau Ulrike, waren ihm aus früherer Zeit ebenso bekannt wie ihre Tochter, die immer noch schöne, jetzt dreiunddreißigjährige Amalie von Levetzow, seine *Pandora.* Das Haus sei *groß und ansehnlich,* meldete er dem Herzog Carl August, seine Zimmer angenehm und elegant mit ihren hellen Tapeten und den Nußholzmöbeln, er fühle sich bestens aufgehoben. Es behagte ihm, daß man ihn im Familienkreis aufnahm wie einen alten Freund.

An einem der Nachmittage befand sich Goethe wieder zur Teezeit im Salon seiner Gastgeberin, Frau von Brösigke, als sie auf die Idee kam, ihn mit ihrer Enkelin bekannt zu machen, die nach Marienbad gekommen sei, um die herrlichen Sommermonate bei den Großeltern zu verbringen.

Ulrike von Levetzow hat den Augenblick, da sie den Raum betrat, nie mehr vergessen. Sie schrieb über die erste Begegnung: *Ich lernte Goethe im Jahre 1821 in Marienbad kennen; Mutter hatte mich aus meiner* pension *in Straßburg herausgenommen, um mit mir einige Monate bei meinen Großeltern in Marienbad zuzubringen. Marienbad war damals noch ein kleiner, erst fast entstehender Ort, und unser Haus, ›Stadt Weimar‹, fast das größte und schönste. Goethe hatte dort seine Wohnung genommen, und ich kann mich noch des ersten Kennenlernens sehr deutlich erinnern. Großmutter ließ mich zu sich rufen, und das Mädchen sagte mir, es sei ein alter Herr bei ihr, welcher mich sehen wollte, was mir gar nicht angenehm, da es mich in einer eben begonnenen Handarbeit störte. Als ich ins Zimmer trat, wo meine Mutter auch war, sagte diese: ›Dies ist meine älteste Tochter Ulrike.‹*

Ulrike von Levetzow war siebzehn Jahre alt. Sie ging noch zur Schule, besuchte in Straßburg ein Mädchenpensionat, in dem man ausschließlich Französisch sprach und sich nur mit französischer Literatur beschäftigte – den Namen des Dichters Goethe hatte sie noch nie gehört. Dem alten Herrn gegenüber, der ihr als Exzellenz und Minister vorgestellt wurde, verhielt sie sich höflich entgegenkommend. Schüchtern war sie nicht. *Goethe war ein so freundlicher, liebenswürdiger alter Herr, an welchen sich ein junges Wesen wohl anschließen konnte,* hat sie gesagt. Er wiederum muß sofort von ihr angetan gewesen sein. Ulrike war groß und grazil, hatte ein klares Gesicht und war hübsch anzusehen – der Eindruck, den Goethe gewann, war überaus angenehm.

Trotz ihrer Jugend scheint Ulrike von Levetzow eine Persönlichkeit gewesen zu sein, die auch andere beeindruckte. Gelassen nahm sie zur Kenntnis, daß Goethe sich ihr immer intensiver zuwandte. Er ergriff bei der Begrüßung vertraulich ihre Hand, hörte sie antworten und suchte seither ihre Gesellschaft: *Goethe nahm mich bei der Hand und sah mich freundlich an und frug mich, wie mir Marienbad gefalle, und von da an beschäftigte er sich sehr viel mit mir, fast jeden Morgen nahm er mich mit, wenn er spazieren ging ... auch gegen Abend saß er oft stundenlang auf einer Bank vor der Türe, wo er mir von sehr verschiedenen Gegenständen erzählte ...*

Ulrike muß eine anregende Gesprächspartnerin gewesen sein, so daß Goethe sich ihr *stundenlang* widmete. Das schlanke und sportliche Mädchen, eine exzellente Reiterin, die später das Landleben bevorzugte, Pferde und Hunde liebte und in der Lage war, ein großes Schloß alleine zu verwalten, war dem Dichter auch bei seinen Ausflügen in die Berge eine ideale Begleiterin. Aufmerksam nahm sie an seinen Erkundungen teil und ließ sich mit rührender Ernsthaftigkeit von ihm belehren. Ihre Unbekümmertheit war bezaubernd, ihre Gegenwart animierend und beschwingend.

An allem, was Ulrikes große Familie betraf, nahm Goethe regen Anteil. Das ganze Hauswesen sei *anständig und angenehm,* meldete er dem Herzog. Ihm behagten die schmackhaften böhmischen und österreichischen Gerichte und guten Weine, mit denen der Tisch bestellt war, und er genoß den liebevollen wechselseitigen Umgang einer Familie, an der Ulrike mit ganzer Seele hing. Sie hat später ihre Anhänglichkeit an die Eltern und Schwestern als Grund angegeben, weshalb sie nicht heiraten wollte.

Wie sah dagegen Goethes Situation aus? Seit Christiane nicht mehr lebte und Schwiegertochter Ottilie im Haus am Frauenplan waltete, hatte sich für Goethe vieles verändert – nicht immer zu seinem Vorteil. Er mochte Ottilie, hatte sie selbst dem Sohn ans Herz gelegt, und die Anwesenheit des jungen Paares, vor allem der beiden Enkelsöhne, die im Hausgarten lärmen und sogar im Arbeitszimmer spielen durften, hatte Leben ins Haus gebracht. Doch leider war nicht zu übersehen, daß August und Ottilie nicht harmonierten. Immer häufiger kam es zu Streitereien, immer öfter traf sich die Schwiegertochter mit Verehrern, mit denen sie tanzte, flirtete und parlierte, während August eigene Wege ging. Er, Witwer Goethe, stand gewissermaßen daneben. An die alte Freundin Charlotte von Stein hatte er bekümmert geschrieben: *Ich habe mich notdürftig diesen Winter durch gehalten, das Haus nicht verlassen und mit der größten Gleichförmigkeit gelebt.* Was ihm fehlte, war eine Gefährtin, die ihn umsorgte und sein Leben teilte. In den Briefen aus Böhmen hat er es seiner Schwiegertochter Ottilie auch nicht verheimlicht, daß er ihr die Freundschaft mit Charles Stirling gönne, besäße auch er einen Menschen für sich.

In Marienbad konnte von Einsamkeit nicht die Rede sein. Goethe lebte auf. Die Neugründung des Ortes hatte ein vornehmes Publikum angezogen, das sich auf den Promenaden, bei Konzerten und Tanztees die Zeit vertrieb. Für Goethe wechselten Gespräche mit Naturforschern, geologische Erkundungen mit Rat Grüner, Wetter-Beobachtungen und gesellschaftliche Ereignisse, bei denen auch Ulrike zugegen war, anregend miteinander ab.

Die Lebensfreude des zweiundsiebzigjährigen Dichters fiel allgemein auf. Der Jurist Anton von Conta konnte sich nicht enthalten, dies auch seiner Frau in Weimar mitzuteilen. *Goethe ist sehr heiter und ungewöhnlich umgänglich. Er ißt zu Mittag bei seiner Hauswirtin, Frau von Brösigke, in großer Gesellschaft, steht vor der Türe, wenn es hübsches Wetter ist, und unterhält sich mit den Hausgenossen und Vorübergehenden; geht mit Damen, namentlich mit der Gräfin Strachwitz, spazieren, und des Abends findet er sich wieder im Brösigkeschen oder vielmehr gräflich Klebelsbergischen Gesellschaftssaale ein (denn man weiß nicht recht, gehört das Haus dem Grafen Klebelsberg oder dem Herrn von Brösigke). Gestern abend war ich auch wieder dort. Die Gesellschaft war kleiner und gesetzter, und es wurde bloß konversiert. Sie bestand aus Herrn und Frau von Brösigke, Herrn und Frau Gräfin Klebelsberg aus Prag, Frau von Levetzow nebst Tochter, unserem Goethe …* (2. August 1821)[2]

II.
Die Familie von Levetzow

Goethe konnte mein Großvater sein,
und so betrachtete ich ihn auch

In jenem Marienbader Sommer 1821 erfuhr Goethe erstmals von den Schicksalsschlägen, die Amalie von Levetzow, Ulrikes Mutter, in ihrem Leben zu überstehen hatte. Sie, einzige Tochter des aus märkischem Adel stammenden Rittergutsbesitzers Friedrich Johann Leberecht von Brösigke und seiner Frau Ulrike, geborene von Löwenklau, hatte ihren ersten Mann bereits mit vierzehn Jahren kennengelernt, und zwar im Seebad Doberan an der Ostsee. Freiherr Joachim Otto Ulrich von Levetzow, Kammerherr beim Großherzog von Mecklenburg-Schwerin, hatte es anscheinend mit der Trauung eilig, denn nach Auskunft des Pfarrers Heinrich Gottlob Kupfer zahlte er ihm die nicht geringe Summe von 20 Louisd'or, damit er den Bund noch am letzten Tag des Jahres 1803 segne. Mehr als 400 Gäste waren bei der glanzvollen Hochzeit zugegen.[3]

Amalie war knapp fünfzehn, Levetzow fünfundzwanzig Jahre alt, als das erste Kind, Tochter Ulrike, am 4. Februar 1804 abends um halb neun auf Gut Löbnitz, dem Rittergut der Großeltern von Brösigke, geboren wurde. Die Taufe, bei der das Mädchen die Namen Theodore *Ulrike* Sophie von Levetzow erhielt, fand am 17. März 1804 in der Kirche von Gatzen bei Leipzig vor einer *höchst ansehnlichen Taufversammlung* in Anwesenheit der zwölf ausgewählten Paten des Kindes statt, wie Pfarrer Kupfer bemerkte, der vom beglückten Kindesvater diesmal 10 Louis'dor erhielt.[4]

Doch der so eilig geschlossene Ehebund hatte keinen langen Bestand. Nachdem Amalie noch eine zweite Tochter geboren hatte, *Amélie* Ottilie Friederike Ferdinande, trennten sich die Eltern. Das geschah in eben dem Jahr 1806, in dem Goethe die schöne Amalie in Karlsbad kennenlernte. Während Ulrikes Vater sich mit Judith Katharina Christiane von Sander, geschiedene von Gersdorff, vermählte und vom Kammerherrn zum Schweriner Hofmarschall aufstieg, kehrte Amalie von Levetzow mit ihren Kindern auf das Gut ihrer Eltern zurück.

Lange blieb sie nicht allein. *Weil sie von ausgezeichneter Schönheit war, so bewarb sich bereits i. J. 1807 wiederum ein mecklenburgisch-schwerinischer Edelmann, der zugleich Domherr in Magdeburg und Minden war und den gleichen Namen mit ihrem vorigen Gemahl führte, um ihre Hand, und ich sollte auch diese Ehe einsegnen.* Das berichtet Pfarrer Kupfer, der schon die erste Ehe geschlossen und die beiden Töchter getauft hatte. Der Bewerber um die Hand der jungen Frau war Friedrich Carl Ulrich von Levetzow, ein jüngerer Vetter ihres ersten Mannes, schneidiger Offizier und Leutnant im 1. englischen Dragonerregiment.

Die vorgesehene Trauung bereitete dem Pfarrer etliche Probleme. Die Scheidung und der Verwandtschaftsgrad der beiden Gatten machten die Eheschließung schwierig. Der Bräutigam bezahlte schließlich hohe Kosten, damit die Heirat zustande kam. Sie wurde am 9. Juni 1807 in Lucka im Herzogtum Sachsen-Altenburg geschlossen. Im Jahr darauf brachte Amalie ihre dritte Tochter zur Welt, *Bertha* Ulrike Helene. 1810 wurde ein Sohn geboren, der als Säugling starb.

Die zweite Ehe stellte sich bald als ebenso unhaltbar heraus wie die erste, wenn auch aus anderen Gründen. Amalies neuer Ehemann, der fünf Jahre lang im Dienste Englands in Frankreich, Spanien und Portugal gekämpft hatte, erwies sich im privaten Leben als wenig zuverlässig. Er war *sehr verschwenderisch und*

ein großer Spieler, wie Pfarrer Kupfer sagte, ein Hasardeur und Draufgänger, der hohe Schulden machte.
Als Unglück sollte sich erweisen, daß Amalies Vater seinem neuen Schwiegersohn zur Hochzeit großzügig sein Gut Löbnitz verkauft hatte, das nun durch Levetzows Schulden dem Konkursverwalter anheimfiel. Die Folge war, daß Amalie und ihre Eltern von einem Tag zum anderen mittellos wurden. Nur durch ihr kluges Verhandlungsgeschick erreichte die junge Mutter in drohender Notsituation, daß ein kleines Landgut, das sie in Mecklenburg besaß, als ihr Eigentum erhalten blieb. Bald darauf wurde sie Witwe. Leutnant von Levetzow fand 1815 in der Schlacht von Waterloo mit einunddreißig Jahren den Tod.[5]

Amalie von Levetzow war eine imponierende Frau, die, wie Goethe dem Herzog Carl August schrieb, *ihre Anmut, durch manche Jahre und Schicksale durch, noch ganz hübsch gerettet hat.* In gewisser Hinsicht war die schöne und lebenskluge Mutter dreier halb erwachsener Töchter zu bewundern. Goethe bedankte sich später bei ihr »für die Blicke, die Sie mich in Ihr früheres Leben tun ließen«, er fühle sich dadurch »näher verwandt und verbunden« (9. September 1823). Frau von Levetzow hatte es fertiggebracht, ihr kleines Landgut sehr vorteilhaft zu verkaufen und auch aus der Schuldenmasse des verstorbenen Mannes ihre Mitgift zu retten.
Die Zukunft aber mußte erst noch gesichert werden. Amalie und ihre Eltern faßten den Entschluß, das verbliebene Kapital im aufstrebenden Kurort Marienbad anzulegen, und erwarben Grund und Boden mit der Absicht, ein Haus mit Terrasse für ausgewählte Kurgäste zu bauen.[6] Die entstehenden Schwierigkeiten wurden durch das Eingreifen eines Freundes der Eltern behoben. Es war der böhmische Graf Franz Klebelsberg, der sich in Amalie von Levetzow verliebt hatte, um sie warb und ihr

fortan in jeder Hinsicht half. Er stand in österreichischen Staatsdiensten, war ein begüterter Mann, Geheimer Rat und Ritter des Johanniterordens. Das neue Haus der Brösigkes wurde auf seinen Namen eingetragen und »Palais Klebelsberg« genannt.

Goethe schilderte dem Herzog Carl August die Schönheit des Hauses, in dem er wohnte, mit Begeisterung. *Das Gebäude selbst, groß und ansehnlich, hat dreizehn Fenster in der Fronte, ein gewölbtes Untergeschoß, darauf das mittlere und obere Stockwerk, stattliche Zimmerhöhe, gute Maße, anständige Einrichtung; aber auch verhältnismäßig teuer vermietet, so daß es für die Badezeit eine bedeutende Summe einbringen muß …*

Er rühmte die kunstvoll gefertigten Möbel wie die *außerordentlich glatt und sauber aufgezogenen heitern Wiener Papiertapeten* und befaßt sich sogar mit den Problemen seiner Wirtsleute: *da bei hiesiger Lage und Örtlichkeit mehrere Hausbesitzer sich entschließen mußten, ihren Hausgenossen Frühstück, Tafel, Wein und alles Nötige zu reichen … Der Tisch ist vortrefflich, der Wein gut, auch ist Abends zum Tee immer eine große Gesellschaft da.* (16. August 1821)

Schon im ersten Bericht, den Goethe seinem Sohn August schickte, wird Ulrike erwähnt: *Grüße Frau und Kinder, auch Ulriken, wenn sie gegenwärtig ist. Zufälligerweise findet sich eine recht artige Ulrike hier im Hause, so daß ich auf eine und die andere Weise ihrer zu gedenken habe.* (22. August 1821) Mit *Ulriken* war Augusts Schwägerin gemeint, die mit im Haus am Frauenplan lebte und Ottilie bei der Betreuung ihrer beiden Kinder Walther und Wolfgang half. Ulrike von Pogwisch, mit ihren neunzehn Jahren nur wenig älter als Goethes Ulrike, war sofort eifersüchtig: *daß diese Ulrike heißt, ist mir gar nicht recht, denn wenn Sie nun hier den Namen hören, werden Sie sich immer der fernen, hübschen, liebenswürdigen erinnern,* antwortete sie.

So war es in der Tat. Die Aufmerksamkeit, mit der sich Goethe der jungen Levetzow zuwandte, wurde von der beobachtenden Umgebung sogleich kommentiert. Anton von Conta meldete seiner Frau am 5. August 1821 noch einmal aus Marienbad: *Gestern abend war bei Brösigkes eine sehr brillante Fete, wo der größte Teil der hiesigen vornehmen Welt versammelt war. Es war Ball und Souper, selbst Goethe tanzte.*[7] Man darf annehmen, daß Goethe auch Ulrike zum Tanz führte.

Die gute Laune, das umgängliche Verhalten fiel auf bei einem Mann, der noch im Frühjahr auf den Tod krank gelegen und sich nur mühsam erholt hatte. Durch die frohe Atmosphäre gelöst, von der jugendlichen Erscheinung angetan, beschäftigte sich Goethe angeregt mit Ulrike von Levetzow. Der siebzehnjährigen Schülerin muß die Bevorzugung gefallen, sie seine Zuwendung auch angemessen erwidert haben, sonst wäre Goethe der Abschied nicht so schwergefallen.

Freilich sah sie in ihm, dem Staatsminister und bewunderten Dichter, hauptsächlich einen liebenswerten alten Herrn, der ihr Großvater hätte sein können. In der Tat war Goethe, 1749 geboren, sogar noch wesentlich älter als ihr 1765 geborener Großvater Leberecht von Brösigke. Daß Goethes Persönlichkeit, seine Aufmerksamkeiten und die persönliche Zuwendung sie beeindruckten, daran läßt sie freilich keinen Zweifel.

Wie der Zweiundsiebzigjährige damals wirkte, darüber geben andere Auskunft. Der Jurist und Mineraloge Sebastian Grüner beschreibt ihn als Mann *von hohem Wuchs und starkem, kräftigem Körperbau, das bräunliche Haar war wenig gebleicht, die Stirn hoch gewölbt, das Auge noch frisch und feurig, die Gesichtsfarbe weiß und gerötet.*

Der fünfundzwanzigjährige Dichter Graf Platen notierte im Oktober 1821: *Von Goethes Person wage ich kaum etwas zu sagen.*

Er ist sehr groß, von starkem, aber gar nicht ins Plumpe fallendem Körperbau. Bei seiner Verbeugung konnte man ein leichtes Zittern bemerken. Auch auf seinem Angesichte sind die Spuren des Alters eingeprägt. Die Haare grau und dünn, die Stirn ganz außerordentlich hoch und schön, die Nase groß, die Form des Gesichts länglich, die Augen schwarz, etwas nahe beisammen und, wenn er freundlich sein will, blitzend von Liebe und Gutmütigkeit. Güte ist überhaupt in seiner Physiognomie vorherrschend.

Ulrike von Levetzow hat ihr besonderes Verhältnis zu Goethe später auf eigene Weise zu erklären versucht. *Als ich ihn kennenlernte,* so über die erste Begegnung, *war er zweiundsiebzig Jahre alt, ich siebzehn; ich kam aus Straßburg aus der Pension und kannte nur Voltaire und die französischen Schriftsteller. Von Goethe hatte ich nichts gelesen, ich wußte kaum, wer er war, und lernte ihn kennen als Se. Exzellenz den Herrn Minister. Aber diese Unwissenheit gefiel Goethe gerade. Er kannte meine Familie, und da wir damals dasselbe Haus bewohnten, so bat Goethe um die Erlaubnis, mit mir spazierengehen zu dürfen. Er belehrte mich und ließ mich an seinen mineralogischen Studien teilnehmen. Goethe konnte mein Großvater sein, und so betrachtete ich ihn auch –*

Er habe sie sein »Töchterchen« genannt, habe ihr den Inhalt seines Romans »Wilhelm Meisters Lehrjahre« auf einer Bank sitzend erzählt. *Hätte ich damals ahnen können, daß man später Wert darauf legen würde, so hätte ich es mir aufgeschrieben,* sagte Ulrike im Alter dem Wiener Journalisten Stettenheim, der sie nach ihrem Jugenderlebnis befragte.[8]

Zu ihrer Mutter habe Goethe damals gesagt, es würde ihm eine Freude sein, die Tochter zu bilden und zu erziehen. Das bedeutete aber nicht etwa Kritik an ihrer Ausbildung. Ulrikes Erziehung in der Straßburger Privatpension war ausgezeichnet. Die Mutter brachte alle ihre Töchter in das renommierte Institut der Madame Garcin und blieb während der Wintermonate eben-

falls in der Stadt.[9] Es sei in Straßburg von ihr berichtet worden: *als Witwe, mit Schulden belastet, hatte sie ein Rittergut in Lotterielosen verwettet und durch einen seltenen Glücksfall wieder eingenommen. Ihre Mutterpflichten erfüllte sie aber gewissenhaft.*[10]
Während ihrer Straßburger Aufenthalte wohnte Frau von Levetzow im Gasthof »Zum Geist«, wo sie geräumige Zimmer mietete, um einen angemessenen Salon führen zu können. Zu ihren Gästen gehörte auch Wilhelm von Türckheim, ein Sohn von Lili Schönemann, mit der sich der fünfundzwanzigjährige Goethe in Frankfurt verlobt hatte. Die Verbindung war aus familiären Gründen gelöst worden, und Lili heiratete Bernhard von Türckheim, der zum Bürgermeister von Straßburg gewählt wurde. Jener Gasthof »Zum Geist« in Straßburg war der gleiche, den auch Goethe und Herder früher besucht hatten – daran wird man sich bei den Marienbader Abendgesprächen erinnert haben.

III.
Ulrikes Erinnerungen

Fast jeden Morgen nahm er mich mit,
wenn er spazieren ging ...

Während ihres langen Lebens – sie wurde fünfundneunzig Jahre alt – hat Ulrike von Levetzow über ihre Verbindung zu Goethe nur wenig verlauten lassen. Erst im Alter sandte sie der Goethe-Gesellschaft einen siebzig Jahre alten Strauß gepreßter Blumen mit vertrocknetem Eichenlaub: sie schicke *den letzten, sehr kleinen Rest der vielen Blumen, welche Goethe mir in Marienbad 1823 von seinen Spaziergängen mitbrachte.*[11]
Um so überraschender war eine Entdeckung, die kurz nach ihrem Tod 1899 gemacht wurde. Einmal hatte Ulrike von Levetzow ihre Zurückhaltung aufgegeben und niedergeschrieben, was sie über ihre Begegnung mit Goethe preiszugeben bereit war. Im Museum von Aussig in Böhmen fand sich ein Schriftstück, worin sie von jenen drei Sommern berichtet, die sie mit Goethe zusammen war. Es handelt sich um drei mit dünner, schräger, schwer lesbarer Handschrift bedeckte Seiten, geschrieben auf Schloß Trziblitz in Böhmen, dem Gut ihres Stiefvaters Graf Klebelsberg.[12]
Der Bericht beginnt mit den Worten: *Es hat mir schon oft leid getan, daß die Erinnerung an die Zeit, welche ich Goethe gekannt, mit mir begraben werden, und damit auch all die falschen, oft fabelhaften Geschichten, welche darüber gedruckt wurden, nicht widerlegt werden; ich will versuchen, was auf die Zeit Bezug hat und mir noch erinnerlich ist, aufzuschreiben.*
Meine Großeltern von Brösigke müssen schon mit Goethe und auch Schiller bekannt gewesen sein, wie sie auch mit dem Großherzog von Weimar nicht nur bekannt, sondern befreundet waren, wie ich das ja

selber noch in Marienbad gesehen habe, wo sie sich mit dem Großherzog oft alter Zeiten und Bekannten erinnerten. Großvater war ja in Sachsen reich begütert, zuerst auf Brikehl, dann der großen Herrschaft Löbnitz, und liebte die Jagd leidenschaftlich. Goethe mochte sie wohl in Bädern kennen gelernt haben, zuerst vielleicht in einem kleinen Bade bei Leipzig, Lauchstädt; ich kann mich dessen noch ganz dunkel aus meiner frühsten Kindheit erinnern, wie ich auch die Großeltern mit Goethe darüber sprechen hörte. Meine Mutter hat Goethe, als ganz junge Frau, in Carlsbad kennen gelernt oder wieder angetroffen; denn sie erzählte oft, daß sie durch Goethe in große Verlegenheit gesetzt worden, da er sie in Carlsbad bei einem Spaziergange gefragt habe, welche Gedichte ihr lieber, die seinen oder die von Schiller? Mutter hatte erwidert: ›Ich verstehe wohl Beide nicht immer, doch die von Schiller fühle ich.‹ Goethe nahm ihr die Antwort nicht übel, sondern blieb sehr freundschaftlich mit ihr und zog sie sehr viel ins Gespräch. Nach mehreren Jahren war Mutter in Teplitz und bei einer großen Gesellschaft bei Fürst Clary, wo Goethe erwartet wurde. Goethe kam, als die Mutter sich grade sehr lebhaft mit einigen Bekannten unterhielt, und hatte Goethe noch nicht bemerkt, als er in den Kreis mit den Worten trat: ›Die Stimme kann nur meiner kleinen Levetzow gehören‹; von da unterhielt er sich fast ausschließlich mit ihr, und später wurden Mutter viele Vorwürfe gemacht, daß sie nicht schon früher gesagt, daß sie Goethe so gut kenne. In einem Brief, welchen ich von Goethe erhielt, nennt er meine Mutter einen glänzenden Stern seiner früheren Jahre.

Ulrike bekannte, daß sie noch nie etwas von Goethe gelesen hatte. *Da ich die letzten Jahre in Straßburg in einer französischen* pension *zugebracht, auch erst 17 Jahre alt war, wußte ich gar nicht, wer Goethe, welch berühmter Mann und großer Dichter er sei, war daher auch ohne alle Verlegenheit einem so freundlichen alten Herrn gegenüber, ohne alle Schüchternheit, welche mich sonst meist bei neuen Bekanntschaften ergriff. Goethe forderte mich gleich den andern*

Ulrike von Levetzow. Koloriertes Gipsrelief. Anonym

Morgen auf, mit ihm einen Spaziergang zu machen, wo ich ihm viel von Straßburg und der Erziehungsanstalt erzählen mußte; ich besonderst klagte, wie ich mich ohne meine Schwestern, von welchen ich zum ersten Mal getrennt sei, einsam fühle, und ich bin überzeugt, daß gerade diese kindliche Unbefangenheit ihn interessierte; denn von da an beschäftigte er sich sehr viel mit mir. Fast jeden Morgen nahm er mich mit, wenn er spazieren ging, und ging ich nicht mit, brachte er mir Blumen mit, da er wohl sehr bald merkte, daß ich an den Steinen, welche er oft betrachtet, kein Interesse hatte, doch sonst mich gern unterrichten ließ; auch gegen Abend saß er oft stundenlang auf einer Bank vor der Türe, wo er mir von sehr verschiedenen Gegenständen erzählte. Als ich da wohl hörte, welch großer Gelehrte er sei, war ich schon viel zu bekannt und vertraut mit ihm, daß es mich einschüchtern oder verlegen machen können; es fiel auch sicher Niemandem und auch meiner Mutter nicht ein, in dem vielen Zusammensein etwas Anderes als ein Wohlgefallen eines alten Mannes, welcher mein Großvater hätte sein können nach den Jahren, zu einem Kind, welches ich ja noch war, zu finden.

Man erfährt, daß sie sich zu dem neuen Gast schon deshalb hingezogen fühlte, weil er ihr Interesse zu wecken verstand.

Goethe war ein so freundlicher, liebenswürdiger alter Herr, an welchen sich ein junges Wesen wohl anschließen konnte, besonders, wenn sie ein reges Interesse an allem nahm, was er in so angenehmer Form ihr lebhaft beschrieb: Blumen, Steine, Sterne und Literatur boten reichen Stoff.

In diesem Sommer schenkte mir Goethe ›Wilhelm Meisters Wanderjahre‹, es war ihm das Buch als neue Auflag zur Durchsicht nach Marienbad gesandt worden. Als er es mir gegeben und ich darin zu lesen begann, fand ich, daß schon früher etwas sein mußte, da sich manches noch mir Unbekanntes begab, und als ich es Goethe sagte und ihn bat, mir doch das frühere Buch auch zu geben, meinte er, es sei nicht recht für mich, er wolle mir lieber daraus erzählen, damit ich

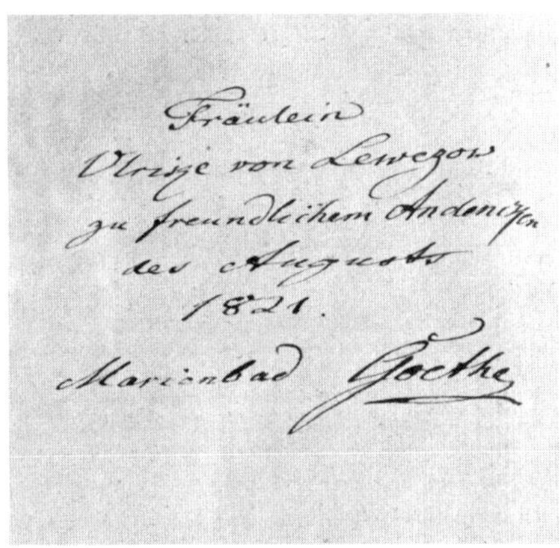

Fräulein
Ulrike von Levezow
zu freundlichem Andenken
des Augusts
1821.
Marienbad Goethe

J. W. Goethe. Eigenhändige Widmung für Ulrike von Levetzow in einem Exemplar der »Wanderjahre«

die Wanderjahre recht verstehe. Wie oft hab ich später bedauert, mir diese Erzählung nicht aufgeschrieben zu haben, das würde sicher von viel größerem Interesse sein, als viele Briefe und Zettel, von welchen man jetzt ein solches Wesen macht.
Als unser Kreis von Bekannten sich in Marienbad mehrte, ich auch mehrere junge Mädchen kennen lernte, ist es öfters vorgekommen, daß Goethe uns kleine Spiele angab, wenn schlechtes Wetter am Ausgehen hinderte. Unter meinen besten Bekannten schloß ich mich besonders an ein Curländer Fräulein Fölkersam; letztere zeichnete Goethe teils nach ihrer Erinnerung und Bildern [von] ihm; sie schickte mir dieses Bild und mein Großvater ließ es mir auf das Buch Wilhelms Wanderjahre binden.[13]

In ihren Aufzeichnungen erklärt Ulrike, weder ihre Mutter »noch sonst jemand« hätte *in dem vielen Zusammensein etwas Anderes als ein Wohlgefallen eines alten Mannes* sehen können. Diese Behauptung wirkt nicht sehr glaubhaft. Schon damals, im ersten Jahr der Bekanntschaft, erregte der Umgang des berühmten Dichters mit dem blutjungen Mädchen weit mehr Aufsehen, als sie selber es wahrhaben will. Das Verhältnis war von der Art, daß Ulrikes baltische Freundin Foelkersahm, die Goethes Porträt zeichnete, zu Hause Details erzählte, die zu vielerlei Spekulationen Anlaß gaben. Sogar vom Heiraten war die Rede.

Die Zuwendung des alten Poeten zur jugendlichen Haustochter fiel selbst Außenstehenden auf. So schrieb der livländische Staatsrat Georg von Foelkersahm, der Vater von Ulrikes Freundin, nach Riga: *Auch Goethe ist hier, und vielleicht schon nicht mehr, denn er ist nur auf ein paar Tage, und wie man sagt, nur wegen eines Paares hier durchreisender schöner Augen hierher gekommen … Kurz, er ist in ein junges Mädchen verliebt, er ist ganz weg, er will sie – heuraten. Welch' eine dichterische Raserei!*[14]

Am 27. August 1821, einen Tag vor seinem 72. Geburtstag, reiste Goethe von Marienbad nach Eger weiter. Seine Schwiegertochter Ottilie hatte ihn bedauert, weil es in dem böhmischen Nest sicher sehr eintönig gewesen sei. Goethe ließ sie – nicht ohne bedeutungsvollen Fingerzeig – durch seinen Sohn wissen: *Mir ist es wohl gegangen; es war in unserm Hause keineswegs so einförmig, wie sie sich es denken mag … Von der neuen Ulrike ward mit einigem Bedauern geschieden …*

Er hatte sich in Marienbad überaus herzlich aufgenommen gefühlt, und es war zu erwarten, daß er wiederkommen würde. Der Umgang mit der erfrischend jungen Ulrike, deren Liebreiz ihn beglückte, wirkte auf ihn wie ein Lebenselixier. Er schrieb am 12. September aus Eger an seinen Sohn: *mir sind noch immer die Folgen der Cur höchst erfreulich.*

IV.
Der Sommer 1822

Du hattest längst mir's angetan

Früher als im Jahr zuvor eilte Goethe schon im Juni 1822 aus Weimar weg nach Marienbad. Ulrikes Großmutter hatte ihn bereits im April vorsorglich für den Sommer eingeladen. *Wie wird sich Ulrikchen freuen, wenn sie wieder Töchterchen genannt wird, worauf sie so stolz ist,* hatte sie geäußert. Das Benehmen des verehrten Dichters ihrer Enkelin gegenüber war schmeichelhaft, aber auch ein Rätsel. Man wird sich über die Gefühle des *Vaters* zu seinem *Töchterchen* den Kopf zerbrochen haben.

Diesmal wußte Goethe, was ihn erwartete, und voller Vorfreude reiste er der bekannten Gegend und der Familie entgegen. Seine Zimmer waren bereit. Über Pößneck, Hof und Eger traf er am 19. Juni 1822 bei den Brösigkes ein. *Bei'm herrlichsten Sonnenuntergang und frischem Nordwind angekommen und eingezogen,* steht in seinem Tagebuch.

Hier im Hause wie vorm Jahr alles schön und musterhaft, konnte er dann dem Sohn melden. *Ich wohne im zweiten Stock über meinem vorigen Quartier, das Essen fürtrefflich, die Gesellschaft anständig und angenehm. Auch im öffentlichen ist sehr viel geschehen; sehr bequeme Fahrwege verbinden das Ganze; der große Raum vor unserm Hause, ob ihm gleich die Hitze das Grüne versagt, ist doch sehr hübsch und für die Zukunft erfreulich angelegt …*

Marienbad erfreute sich zunehmender Beliebtheit. Die Kurliste war gefüllt mit den Namen von Grafen und Baronen. Oberpolizeirat Kopfenberger, der im Auftrag des Kanzlers Fürst Metternich Order hatte, den sächsischen Staatsminister zu überwachen, konnte lediglich berichten, seine Exzellenz habe sich lobend *»über die gute Wirkungen, welche der Kreuzbrunn bei ihm hervorbrachte,* geäußert. Goethe hütete sich nämlich zu sagen, was er wirklich von den Polizeimaßnahmen hielt. Er werde das Wichtigste, so an Herzog Carl August, *dem Papier nicht anvertrauen.*[15]

Amalie von Levetzow hatte diesmal alle drei Töchter bei sich: die achtzehnjährige Ulrike, die sechzehnjährige Amélie und die vierzehnjährige Bertha. Täglich konnte Goethe unverfänglich die reizende Ulrike sprechen und sich ganz so verhalten, als gehöre er zur Familie. So findet es sich auch in seinem Tagebuch, wobei *Gesellschaft* und *Familie* immer auch *Ulrike* bedeutet. *Abends bei der Gesellschaft bis halb elf* (25. Juni). *Abends bei der Gesellschaft, die zum Balle beisammen blieb* (26. Juni). *Abends mit der Gesellschaft* (30. Juni). *Bei der Gesellschaft* (1. Juli). *Abends unten bei der Gesellschaft* (10. Juli). *Abends Ball* (17. Juli). *Nachts mit der Familie* (19. Juli). *Bei der Gesellschaft. Musikalische Unterhaltung* (20. Juli). *Abends mit der Familie. Musik* (23. Juli). *Mittags heitrer Familien-Tisch.* (15./16. August 1822)
An seinen Sohn schrieb Goethe: *Meine Lebensweise ist sehr einfach: ich trinke morgens im Bette, bade den dritten Tag, trinke Abends am Brunnen, speise Mittags in Gesellschaft und so geht es denn hin. Der Wein ist auch endlich angekommen; er wird auf Krüge gefüllt, der Überrest mag bis aufs Jahr liegen.*
Goethe schrieb den Brief am 29. Juni 1822. Schon einen Tag später meldete Polizeiinspektor Kopfenberger dem böhmischen Grafen Kolowrat: *Goethe, der Nestor unter den gegenwärtig lebenden deutschen Schriftstellern, behauptet in seinem Alter noch immer jenen Ernst und geistige Solidität, welche in seinen Schriften herrscht. Still und zurückgezogen in seinem Betragen, ist derselbe nur für wenige aus der Badegesellschaft zugänglich … Die Abende bringt der-*

Ulrike und Bertha von Levetzow. Aquarell von Marie Korff

selbe größtenteils in Gesellschaft der Familie Levetzow zu, und er scheint vorzüglich an der Seite des ältesten Fräuleins, Ulrike von Levetzow, die ihn entweder mit Gesang oder einigen scherzhaften Gesprächen unterhält, wenigstens für einige Augenblicke die Unbilden zu vergessen, welche er durch die verunglückte Heirat seiner ehemaligen, unter dem Namen Madame Vulpius bekannten Wirtschafterin zu dulden hat.[16] In diesem reichlich klatschhaften Brief des böhmischen Polizeirats werden immerhin einige Charakterzüge Ulrikes benannt. Man erfährt von ihren Fähigkeiten, den großen Gast *mit Gesang* zu unterhalten und mit *scherzhaften Gesprächen* zu gewinnen. Offenbar stellte sie auch in diesem Kreis etwas Besonderes dar, war musikalisch, konnte gut singen und Gitarre spielen. Es existieren Abbildungen, auf denen Ulrike mit der Gitarre im Arm zu sehen ist.

Auch Marianne von Willemer war wenige Jahre zuvor bei Goethe so aufgetreten: gitarrespielend, singend, dem Dichter liebevoll zugetan. Aber die Frankfurter Geheimrätin, inzwischen verheiratet, war damals dreißig Jahre alt – Fräulein von Levetzow war achtzehn. Ulrike sah lieblich aus mit ihrem aschblonden, krausen Haar, mit den zarten Rüschen und Spitzen am Ausschnitt ihres Kleides, wie ein Pastellbild sie im Jahr der Goethebekanntschaft zeigt, oder im schottisch karierten *gegitterten* Sommerkleid auf der Wiese, worin Goethe sie so entzükkend fand, daß er das Kleid sogar im Tagebuch erwähnt. Er nennt sie *sanft und ruhig* (18. Oktober 1824), sieht die *liebe schlanke Gestalt* vor sich (17. Juni 1825) und spaziert im Geist mit der *lieben, geliebten Ältesten auf der Terrasse hin und wieder* (1. November 1825). Ihre körperliche Nähe tat ihm wohl, ihr liebes Gesicht war ihm *unentbehrlich. Zu den hundert Stellungen, in denen ich sie vor mir sehe, wieder ein neuer Gewinn*, schrieb er ihrer Mutter, die berichtet hatte, daß Ulrike für seine Sammlung Steine zusammentrage. Sie begeisterte sich wie er für Blumen,

Pflanzen und Tiere, allerdings nicht, wie ihre jüngere Schwester Bertha, für seine mineralogischen Erkundungen.

Ich bin in die erste Etage herunter gezogen, wo ich so zierlich und bequem wohne wie vorm Jahr. Alles geht hier seinen Gang, schrieb Goethe seinem Sohn am 2. Juli 1822. Das Tagebuch vom 3. Juli meldet: *Mit den Kindern auf der Terrasse.* Von den *Kindern* aber, nämlich den drei hübschen Schwestern, schrieb er dem Sohn nichts.

In Marienbad traf Goethe im Sommer 1822 außer dem schwedischen Chemiker Jakob Berzelius den wegen seiner weitgespannten Bildung hoch geschätzten Grafen Caspar Sternberg, mit dem er sich glänzend verstand. Anwesend war wie im Vorjahr auch Franz Graf Klebelsberg, der zu Ulrikes Mutter eine von der Umwelt kritisierte, nicht ganz zweifelsfreie Liaison unterhielt, die zu mancher Intrige Anlaß bot. Der Graf, der in Böhmen Schloß Trziblitz besaß, auf dem Ulrike später wohnen würde, hätte die schöne Amalie gern so bald wie möglich geheiratet. Doch für einen Katholiken war es unmöglich, eine protestantische, zumal geschiedene Frau vor den Altar zu führen, deren erster Mann noch lebte. Die Einwilligung des Papstes wurde, obwohl der Graf deshalb zweimal mit Amalie nach Rom fuhr, versagt. Erst nachdem Otto von Levetzow 1843 gestorben war, konnte Klebelsberg Amalie von Levetzow heiraten.

Kleine Gedichte des Tags wurden in's Reine geschrieben, vermerkte Goethe am 24. Juli 1822. Es waren die ersten Gedichte, die er für Ulrike schrieb.

Die Gegenwart weiß nichts von sich,
Der Abschied fühlt sich mit Entsetzen,
Entfernen zieht dich hinter dich,
Abwesenheit allein versteht zu scherzen.

Adele Schopenhauer, die Goethe nach dem Marienbader Aufenthalt im Herbst 1822 traf, war von seiner geistigen Ausstrahlung hingerissen. *Ich wollte, ich könnte aufschreiben, was er sprach; doch liegt in dem W i e so unbeschreiblich viel,* heißt es in ihrem Tagebuch.[17]
Ulrike, neun Jahre jünger als Adele, empfand für Goethe mädchenhafte Zuneigung, eine Liebe, wie sie eine Achtzehnjährige demjenigen entgegenbringt, der sie väterlich-männlich verwöhnt. Ihren eigenen Erzeuger hatte sie, vaterlos aufgewachsen, kaum gekannt. Sie war glücklich, daß der verehrte Freund sie *Tochter* nannte und vor allen anderen auszeichnete.
Goethe wiederum wird erfreut bemerkt haben, daß auch sie ihn mochte. »Liebenswürdig wie immer, und mir wie immer gewogen«, steht in einem nicht abgeschickten Briefentwurf. Ulrike hat ihm später Geschenke geschickt, einen eigene Stickerei, einen handgearbeiteten Ofenschirm. Jetzt war sie da, wenn er rief, wartete in der Allee, war Stunden mit ihm unterwegs, tanzte mit ihm und war geschmeichelt, daß er ihr jeden Wunsch erfüllte. Er liebte es, wenn sie über die Terrasse sprang, wenn sie bei seinen Erzählungen *liebenswürdig auflachte,* wie er später schrieb, oder ihm für kleine Geschenke *freundlich zulächelte* (29. August 1827). Er gab ihr im Gedicht einen Namen, nannte sie *Iris,* die Götterbotin.

Ja, Du bist wohl an Iris zu vergleichen,
Ein liebenswürdig Wunderzeichen!
So schmiegsam herrlich, bunt in Harmonie
Und immer neu und immer gleich wie sie.

Ulrike wirkte auf ihre ruhige Art vornehm und verläßlich. Das Pastellporträt der Siebzehnjährigen zeigt ein ernstes, schmales und ovales Gesicht mit aufmerksamem Blick, dicht gelockte, am

Hinterkopf aufgesteckte dunkelblonde Haare, als Schmuck zwei zarte Halskettchen und kleine goldene Ohrgehänge. Ulrike war zu *scherzhaften Gesprächen* fähig, ihre Unbeschwertheit und die Bereitwilligkeit, mit der sie auf alles einging, was Goethe vorschlug, wirkten auf ihn verwirrend und begeisternd. Sie war offensichtlich angetan von Goethe, mit dem sie sonst wohl kaum halbe Tage verbracht hätte. Nur so ist zu erklären, daß seine zunächst väterliche Zuneigung in Begehren und Leidenschaft überging.

V.
Ulrikes Bericht

Zur guten Zeit vergiß ihn nicht

Am 1. August 1822 meldete ein verjüngter Goethe dem Herzog Carl August und der Herzogin Louise von Sachsen-Weimar: *Königliche Hoheiten! Wenn die ersten vierzehn Tage in Marienbad ohne sonderliches Interesse vorübergegangen, desto reicher an mannichfaltigem Guten waren die drei folgenden Wochen [...] Schon gekannte Personen waren freundlich und gesellig [...] Was mich selbst betrifft, konnte ich sehr zufrieden sein. Die Quellen waren bei anhaltender Trocknis konzentriert gehaltreich. Im Ganzen sagte mir wie immer die hohe Lage zu. 2000 Fuß über der Meeresfläche lastet die Atmosphäre bedeutend weniger auf uns ...*
Daß ihn nichts belastete, daran war also die *Atmosphäre* schuld. Freund Zelter erfuhr von Goethe: *Am 19. Juni gelangte ich nach Marienbad, bei sehr schönem Wetter. Herrlich Quartier, freundliche Wirte, gute Gesellschaft, hübsche Mädchen, Musikalische Liebhaber, angenehme Abend-Unterhaltung, köstliches Essen, neue Bedeutende Bekanntschaften, alte wiedergefundne, Leichte Athmosphäre, zweitausend Pariser Fuß über der Meeresfläche, Stifts-Gelag pp alles trug bei das drei Wochen daurende schöne Wetter vollkommen zu benutzen, zu genießen ...* (8. August 1822)
Ulrike von Levetzow schreibt in ihren Aufzeichnungen: *Im Sommer 1822 waren wir wieder mit Goethe in Marienbad, und dies Mal waren auch meine Schwestern mit, da auch sie das Erziehungshaus in Straßburg verlassen hatten. Überhaupt war in diesem Jahr der Kreis unserer Bekannten ein viel größerer, mein späterer Stiefvater, Graf Klebelsberg, war auch da; es kam Graf Caspar Sternberg, welcher schon lange in brieflichem Verkehr mit Goethe stand, ihn aber da erst persönlich kennen lernte und zwar [Lücke] meiner Mutter.*

Goethe war wie im früheren Jahre fast immer mit uns, zu gleicher Zeit war ein Doktor Pohl, welcher lange in Brasilien gereist, er war wohl Naturforscher, dann der bekannte Chemiker Berzelius, ich glaube, ein Schwede; von noch einigen anderen Herren, fast nur Gelehrten, habe ich die Namen vergessen; diese Herren führten sehr gelehrte, aber selbst uns so jungen Mädchen interessante Gespräche, und alle waren so freundlich, uns, was wir nicht verstanden, deutlich zu machen; meine jüngste Schwester Berta, die da nur erst 14 Jahre, interessierte sich für die Mineralogie, und die von mir genannten Herren und Goethe stellten ihr eine nette Sammlung von Steinen zusammen, wo sie die meisten Steine lernte und die Namen selber aufgeschrieben auf die Steine befestigte. D. Pohl lieferte dazu noch einige geschliffene Halb-Edelsteine. Berta gab diese Sammlung viele Jahre später unserem Neffen Franz von Rauch, welcher sie zum Teile noch hat. Noch erinnere ich mich, daß die Herren den Versuch machten, böhmische Granaten zu schmelzen, und Berzelius, welcher es hauptsächlich vornahm, erklärte, daß die Granaten die härtesten Edelsteine nach dem Diamant seien. Ein anderes Mal rief Goethe uns zu sich wo er auf einer langen Tafel alle Steingattungen, welche sich in der Gegend um Marienbad befinden, geordnet hatte, er führte mich zu einer Stelle, wo er zwischen den Steinen 1 Pfund Wiener Schokolade gelegt hatte, worauf geschrieben stand:

Genieß das auf deine eigne Weise,
Wo nicht als Trank, doch als geliebte Speise.

Ich habe dies Papier D. Jaksch geschenkt, welcher ein so großer Verehrer Goethes ist und der meiner lieben Mutter ihr langjähriger Doktor war. Daß Goethe die Schokolade für mich zwischen die Steine gelegt, war Scherz, weil ich den Steinen kein Interesse abgewinnen konnte. Auch in diesem Sommer war Goethe sehr freundlich mit mir und zeichnete mich bei jeder Gelegenheit aus; oft sagte er zu meiner Groß-

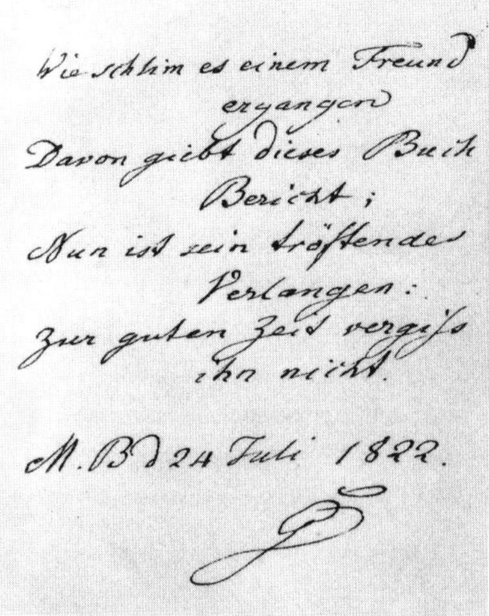

Wie schlim es einem Freund
ergangen
Davon giebt dieses Buch
Bericht;
Nun ist sein tröstendes
Verlangen:
Zur guten Zeit vergiss
ihn nicht.

M. B. d 24 Juli 1822.

J. W. Goethe. Eigenhändige Niederschrift der Verse für Ulrike von Levetzow, in dem Ulrike geschenkten Exemplar von »Aus meinem Leben. Zweyter Abtheilung Fünfter Theil. Auch ich in der Champagne!«, Stuttgart und Tübingen: Cotta 1822

mutter, wie sehr er wünsche, noch einen Sohn zu haben, denn er müßte dann mein Mann werden, mich würde er ganz nach seinem Sinn ausbilden, er habe eine große und väterliche Liebe für mich. Goethe schenkte mir <zum Abschied> wieder ein Buch, welches ihm geschickt wurde: »Aus meinem Leben, 2. Abteilung, 5. Teil. Auch ich in der Champagne.« Er hatte darein geschrieben:

Wie schlimm es einem Freund ergangen
Davon giebt dieses Buch Bericht;
Nun ist sein tröstendes Verlangen:
Zur guten Zeit vergiß ihn nicht.
M. B. d 24 Juli 1822

Noch ein anderes Ereignis wird von Ulrike beschrieben, weil es bezeichnend war für Goethes Großzügigkeit und Zuverlässigkeit, die sie beeindruckten. Er hatte zu ihrem Großvater von Brösigke ein gutes Verhältnis, seit er ihn am 29. Dezember 1796 in Leipzig beim Chevalier la Motte erstmals kennengelernt hatte. Brösigke, Nachfahre eines alten preußischen Adelsgeschlechts, war sechzehn Jahre jünger als Goethe. Was niemand wissen sollte, Goethe jedoch erfahren haben wird: Freund Brösigke hatte nicht nur die Tochter Amalie, sondern auch noch einen unehelichen Sohn besessen, der 1814 geboren wurde, aber zugleich mit der Kindesmutter, Henriette von Schaak, gestorben war.[18]

Zu Brösigkes Paten gehörte der preußische König Friedrich II. Goethe ließ durchblicken, daß er gern einmal die Handschrift des Königs zu Gesicht bekäme. Brösigke tat ihm den Gefallen. *Es wurde in dieser Zeit auch von Handschriften gesprochen,* schreibt Ulrike von Levetzow, *und Goethe sagte, daß er keine Schrift von Friedrich dem Großen gesehen. Da holte mein Großvater einen Brief des Königs, worin er die Patenstelle bei ihm annahm (vom 18. April 1765); da das Papier des Briefes gänzlich verbogen und zu zerreißen drohte, sagte Goethe, er wolle es wider glätten und in Ordnung bringen; da er es aber bei seiner Abreise meinem Großvater nicht zurückgestellt, glaubte dieser, er würde den Brief wohl nicht wieder zurückerhalten; doch Goethe sandte ihn schon von Eger, wo er sich bei einem Bekanntem von (ihm) schon öfter aufgehalten, meinem Großvater zurück. Goethe hatte den Brief auf Papier aufgezogen und auf der andern Seite dazu geschrieben:*

Das Blat, wo Seine Hand geruht,
Die einst der Welt geboten,
Ist herzustellen fromm und gut,
Preis ihm, dem großen Todten![19]

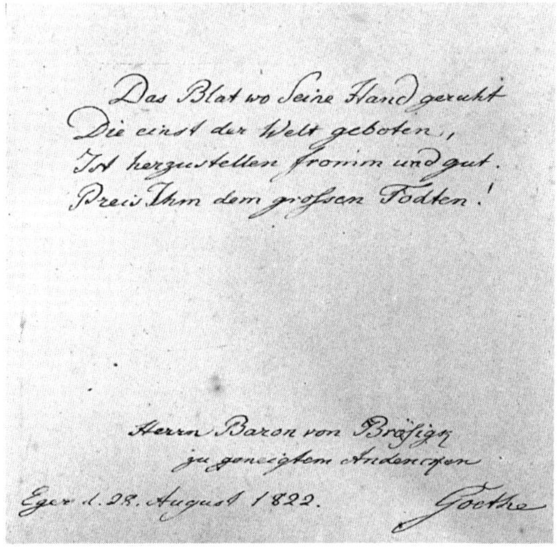

Das Blat wo Seine Hand geruht
Die einst der Welt geboten,
Ist herzustellen fromm und gut.
Preis Ihm dem grossen Todten!

Herrn Baron von Brösigke
zu geneigtem Andenken
Eger d. 28. August 1822. Goethe

J. W. Goethe. Eigenhändige Niederschrift des Vierzeilers mit Widmung an Herrn von Brösigke, Eger, 28. August 1822

Der Abschied von Marienbad fiel Goethe schwer. Graf Sternberg begleitete ihn noch ein Stück. In Eger erwartete ihn dann eine *süße Nachkost*, wie er Ulrike schrieb, als Überraschung des Grafen Klebelsberg: ein Korb mit Aprikosen und Pfirsichen, die er *bewußt mit niemandem teilte.*

Auf Goethes Weiterfahrt nach Eger entstand das Gedicht »Äolsharfen«, das von seiner Zuneigung zu Ulrike handelt, ein Gespräch – Goethe nannte es: *Liebschmerzlicher Zwiegesang unmittelbar nach dem Scheiden.*

Zur Trauer bin ich nicht gestimmt,
Und Freude kann ich auch nicht haben;
Was sollen mir die reifen Gaben,
Die man von jedem Baume nimmt!

Der Tag ist mir zum Überdruß,
Langweilig ists, wenn Nächte sich befeuern;
Mir bleibt der einzige Genuß
Dein holdes Bild mir ewig zu erneuern,
Und fühltest du den Wunsch nach diesem Segen,
Du kämest mir auf halbem Weg entgegen.

Zu Hause zog Goethe ein Resumée. Er schrieb am 20. September 1822 an Rochlitz: *Auch ich war dieses Jahr wieder in Böhmen, fand meine alten Freunde und Neigungen wieder, gewann neue dazu und fühlte mich in diesem Kreise sehr behaglich* ... Freund Boisserée erklärte er, es sei schön, sich die alten Freunde zu erhalten, aber *jüngere zu gewinnen* sei jetzt sein *unablässiger Wunsch.*

Kleine Gedichte heißt es im Tagebuch vom 28. Juli 1822. Darunter befinden sich auch die Verse:

Könnt ich vor mir selber fliehn!
Das Maß ist voll.
Ach! Warum streb' ich immer dahin
Wohin ich nicht soll

J. W. Goethe. Lithographie von Henri Grévedon nach einer Zeichnung von Orest Adamowitsch Kiprinsky, Marienbad 1823

VI.
Der Sommer 1823

Gewogen scheinst du mir zu sein

M*eine Tochter, meine Theure, meine Liebe, meine Liebste* … Goethes Anreden an Ulrike von Levetzow erfahren in jenem Brief, den er ihr zu Beginn des Jahres 1823 schickte, eine Steigerung – im Sommer wird er sie seinen *Liebling* nennen. Ulrike hatte nach Weimar geschrieben. Ihr Brief ist, wie die meisten Nachrichten aus dem Kreis der Levetzow-Familie, nicht mehr vorhanden. Vermutlich hat Goethe selber alles vernichtet, was ihn kompromittieren könnte, um dem verärgerten Sohn und der eifersüchtigen Schwiegertochter keinen Einblick in sein privates Verhältnis zu geben.

Goethe erinnert die Freundin an gewisse *Tage und Stunden* – vielleicht gab es eine Form der Verabredung, zu bestimmten Zeiten aneinander zu denken, so wie er sich einst mit Marianne-Suleika beim *aufgehenden Vollmonde* verabredet hatte. *Nun aber entwickelt sich's!* schreibt er Ulrike, voll Freude über ihre Worte, mit denen sie ihm sagte, daß sie – und zwar *in einem Höheren Grade* – an ihn denke. Goethe war entzückt.

Ihr holder Brief, meine Theure, hat mir das größte Vergnügen gewährt, und zwar doppelt wegen eines besonderen Umstands. Denn wenn auch der liebende Papa seiner treuen schönen Tochter immer gedenkt, so war doch seit einiger Zeit Ihre willkommne Gestalt lebendiger und klarer vor dem innern Sinne als je. Nun aber entwickelt sich's! Es sind gerade die Tage und Stunden, da Sie mein auch in einem Höheren Grade gedachten und Neigung fühlten es auch aus der Ferne auszusprechen.

Dreifachen Dank also, meine Liebe, zugleich die besten Wünsche und Grüße der guten Mutter, deren ich, als eines glänzenden Sterns mei-

nes früheren Horizonts, gar gern gedenke. Der treffliche Arzt der sie völlig herstellt soll auch mir ein verehrter Aeskulap sein.
Und so bleiben Sie überzeugt daß meine schönste Hoffnung fürs ganze Jahr sei in den heitern Familien-Kreis wieder hinein zu treten und alle Glieder so wohlwollend-freundlich gesinnt zu finden als da ich Abschied nahm, und ein würdiger, neuerworbener Freund das unwillkommne Scheidegefühl, durch teilnehmendes Geleit, einigermaßen zu beschwichtigen suchte …
Und also meine Liebste nehme ich Ihre töchterlichen Gesinnungen auch für die nächste Zeit in Anspruch. Möge mir an Ihrer Seite jenes Gebirgstal mit seinen Quellen so heilbringend werden und bleiben als ich wünsche Sie froh und glücklich wieder zu finden. Treu anhänglich

J. W. v. Goethe.
Weimar d. 9. Januar 1823.

Diesen liebevollen Brief, den er nicht wie sonst einem Schreiber diktierte, sondern eigenhändig verfaßte, hat er an Ulrike abgeschickt.

Einen Monat später erkrankte Goethe schwer. Er hatte Schmerzen in der Herzgegend, Beklemmungen, Atemnot und Ödeme in den Beinen. Die Situation war lebensbedrohend. Seine Ärzte diagnostizierten eine Herzbeutelentzündung; heute würde man sagen, er erlitt einen schweren Herzinfarkt, der damals mit Aderlässen behandelt wurde. Goethes Tagebuch von 18. Februar 1823: *Gesteigertes Übelbefinden. Besonders heftiger Schmerz am Herzen. Um 11 Uhr zur Ader gelassen.* 19. Februar: *Fortdauernder, zwar etwas geminderter Schmerz. Um 9 Uhr Blutegel gelegt. Besuch von Herrn Geh. Hofrat Huschke. Abends heftigeres Fieber, sehr unruhige, durch Schmerzen schlaflos gemachte Nacht.* 20. Februar: *Die Nacht kaum anderthalb Stunden geschlafen.* Zu seinem Diener Stadelmann bemerkte der Kranke leise: *Du glaubst nicht, wie elend ich bin, wie* *s e h r* *krank.* Dem Arzt Huschke beteuerte er mehrmals: *Ich bin verloren.* Zu seinem Sohn äußerte er: *Der Tod steht in allen Ecken um mich herum.*

Tatsächlich stand er am Rande des Grabes. Man befürchtete das Schlimmste, in Jena wurde bereits von seinem Ableben gesprochen. 24. Februar 1823: *Der Zustand verschlimmerte sich sehr, bis gegen Abend eine unwiderstehliche Neigung zum Marienbader Wasser eintrat, welches auch getrunken wurde … Die Nacht zum erstenmal ruhiger erquickender Schlaf.* Die Wirkung des Heilwassers wird vom Kanzler von Müller bestätigt: *Nachmittags wurde er sehr heftig gegen die Ärzte, befahl mit Ungestüm, ihm Kreuzbrunnen zu geben und sagte: »Wenn ich doch sterben soll, so will ich auf meine eigne Weise sterben.« Er trank auch wirklich ein Fläschchen Kreuzbrunnen, mit sichtbar gutem Erfolg.* Beim Einnehmen von Arnikatee hielt der Kranke einen kleinen Vortrag darüber, daß er diese schöne Blume in Böhmen angetroffen habe. Der Gedanke an Böhmen schien heilsam zu sein.[20]

Im März 1823 war die Krise zwar vorüber, doch noch Mitte Juni 1823 klagte der Prinzenerzieher Fréderic Soret: *Goethe kam mir heute viel weniger gut im Stande vor wie sonst; er war ganz so niedergeschlagen wie während seiner Genesung, und das Sprechen fiel ihm offenbar schwer; sein Mund war an der rechten Seite verzerrt; (…) ich war darüber recht erschrocken und nicht weniger über die Verworrenheit seiner Gedanken und die vielen Wiederholungen, in die er verfiel; in einigen Tagen will er ins Bad reisen; das wird hoffentlich einem weiteren Anfall vorbeugen.*

Um so glücklicher war Goethe, als er sich endlich zur Reise nach Böhmen rüsten konnte. Bei Sohn und Schwiegertochter ließ er nichts über die wahren Gründe verlauten, die ihn nach Marienbad zogen, aber im Brief an den Grafen Sternberg, den er in Böhmen wiedersehen würde, sprach er über *die rückkehrende Hoffnung eines neuen Lebens.*

Am 26. Juni 1823 reiste Goethe nach Böhmen ab. In Marienbad wohnte er diesmal nicht im Klebelsbergschen Palais. Dort hatte bereits Herzog Carl August sein Quartier aufgeschlagen. Goethe mietete gegenüber im Gasthof »Goldene Traube«, einem *allerliebsten Quartier*, bei Frau Sybilla Döltsch für sich und sein Personal vier Zimmer.[21]
Neun Tage später traf Frau von Levetzow aus Dresden bei ihren Eltern ein. Ulrike war wieder da, *die lieblichste der lieblichen Gestalten.* Sie muß sogleich so vertraut mit ihm gewesen sein wie früher, denn Goethe, der sich noch im vorigen Jahr einen Sohn wünschte, der Ulrike heiraten sollte, ist in diesem Jahr 1823 selber derjenige, der sie sich zur Frau wünscht.
Ulrike von Levetzow gab dem Wiener Journalisten Ludwig Stettenheim über diesen Sommer 1823 einige Auskünfte, die er später veröffentlichte. *Bald kam sie wieder auf Goethe zu sprechen. Sie lebt völlig in den Erinnerungen an jene Zeit, und alles steht lebendig vor ihr. Goethe nannte mich nicht allein sein »Töchterchen«, sein »Kind«, er betrachtete mich auch so. Zu meiner Mutter sagte er, er wünschte noch einen Sohn zu besitzen, den er mit Ulriken verheiraten könnte; sie sei noch so bildsam, daß er sie ganz nach seinem Herzen erziehen und bilden könnte. Goethe hat mich stets belehrt und mir viel erzählt.*[22]
In Goethes Tagebuch findet sich diese Auskunft bestätigt. Er suchte für Ulrike Neues und Interessantes heraus, las mit ihr die neuesten Almanache, brachte sogar eine Reihe von Kupferstichen herbei, um sie mit ihr gemeinsam zu betrachten – später wurde sie selber eine Sammlerin von Kupferstichen. Sobald er in der Allee ihre Stimme hörte, eilte er ihr nach und wandelte Arm mit Arm mit ihr auf der Promenade.
Stettenheim weiter: *Eine drollige Geschichte berichtete Ulrike von einem Gedicht, das Goethe auf sie gemacht. »Als mir Goethe einmal sagte, er hätte auch etwas aufgeschrieben, was von seinen Beziehun-*

gen zu ihr handelte, und ob sie's nicht lesen wollte, sagte ich: ›Nein, lesen will ich es nicht, ich höre Sie lieber erzählen.‹ – ›Daran erkenne ich mein Töchterchen', sagte Goethe.« Vermutlich hat er dies im Sommer 1823 zu ihr gesagt und die »Äolsharfen« gemeint. Dennoch, so Stettenheim, habe Ulrike betont: *»Es war keine Liebschaft, sondern Goethe fand Gefallen an mir und suchte mich zu belehren, und ich hatte für ihn eine tiefe Verehrung.«*
Bei diesem Gespräch fragte Stettenheim auch nach Goethes Aussehen und seinen Angewohnheiten. *»Goethe hatte die Gewohnheit«, so plauderte sie weiter, »wenn er erzählte, im Zimmer hin und her zu gehen und dabei die Hände auf dem Rücken zu halten.« Ich frage sie, wie Goethe die Hände gehalten hätte. Sie sagte: »So«, und ging im Zimmer hin und her, die Arme auf dem Rücken ineinander verschränkt. »Meist trug er einen langen Rock. Oft aber und besonders, wenn er keinen Besuch hatte, trug er einen weißflanellenen Schlafrock und sah darin manchmal zum Fenster hinaus, wenn ich dann gerade vorbeiging, haben wir zusammen geplaudert.«*[23]
Goethe brachte der Freundin auch Blumen, seltene Steine und Süßigkeiten mit. Ulrike berichtet, daß sie seinerzeit zwischen den schön aufgereihten Mineralien nicht nur die erwähnte Tafel Schokolade fand, sondern auch Verse dazu erhielt, die sich zwar auf den Genuß von Schokolade bezogen, aber mit den Worten: *Gewogen scheinst du mir zu sein* auch einen doppelten Sinn offenbarten.

Gewogen scheinst du mir zu sein,
Und lächeltest der kleinsten Gabe;
Und wenn ich deine Gunst nur habe
So ist kein Täfelchen zu klein.

Eine Zuneigung, die alle bemerkten, sollte nicht auch Ulrike aufgefallen sein? *Keine Liebschaft,* hat sie, wie gesagt, später betont. Keine Liebschaft in ihrem Sinn. Aber für Goethe? Drei Briefe von Goethe an Ulrike haben sich erhalten. Einen Brief ohne Anschrift und Datum, den der Kanzler von Müller nach seinem Tod unter anderen Papieren fand, hat er nicht abgeschickt. Der Inhalt enthüllt eine große Liebessehnsucht. Bernhard Suphan, der den Brief nach Ulrikes Tod im Jahre 1900 veröffentlichte, datierte ihn auf die Jahreswende 1822/1823.

Goethe schreibt: *In diesen heiligen Nächten von welchen Shakespeare sagt [4 Zeilen fehlen] habe ich umständlich und ausführlich von Ihnen geträumt. Ich fand Sie freundlich und hübsch, anmutig und schön, so liebenswürdig wie immer und mir wie immer gewogen. Ihre Gegenwart war mir unentbehrlich geworden und alle traumartigen Hindernisse, die mich in der großen pallastähnlichen Wohnung von Ihnen zu entfernen sich fügten vermochten es nicht, ich war immer wieder an Ihrer Seite, gleich vertraut und vertrauend, ich verweilte statt zu gehen und wenn ich gegangen war, kam ich wieder, sogar daß es mir zuletzt schien beschwerlich zu seyn. Ich beschied mich, eilte nach der Thüre eines großen Gartens, die ich aber verschlossen fand.*

Sollte das nicht auf eine recht innerlichste Zuneigung deuten, auf unbezwingliche Anhänglichkeit und wahre Liebe. Dies sey also gleich zu Papier gebracht, damit der wache Traum des Lebens diese liebliche Erscheinung nicht unbemerkt verschwinden mache.[24]

VII. Lili Parthey und Maria Szymanowska

Ihn gesprochen, seine Hand gehalten, ihn geküßt

Überraschend traf eine junge Besucherin in Marienbad ein. Lili Parthey, dreiundzwanzig Jahre alt, Enkelin des Berliner Verlegers und Schriftstellers Friedrich Nicolai, den Goethe in »Dichtung und Wahrheit« einen *übrigens braven, verdienst- und kenntnisreichen Mann* genannt hatte, zugleich eine Schülerin von Zelter, unterbrach ihre Reise von Berlin nach Prag am 23. Juli 1823, um Goethe zu sprechen.

Lili Parthey war nicht ohne Auftrag nach Marienbad gekommen: Zelter hatte sie gebeten, Freund Goethe *Gruß und Reim* – also einen Kuß – zu überbringen.

Die Aufregung des jungen Mädchens, gespiegelt in ihrem Tagebuch, gipfelt in dem Ausruf: *glücklicher war ich gewiß noch nie, und der Culminationspunkt meiner Existenz ist vorüber. – Ich habe ihn gesehen, was will das sagen? – aber dreimal gesehen, ihn gesprochen, seine Hand gehalten, ihn geküßt, und er hat mir schöne Dinge gesagt! – Ich war und bin in einer Ekstase wie noch nie, aber da die Momente der Ekstase selten genug im Leben sind, so habe ich sie nicht vorübergehen lassen, sondern redlich genutzt. Nun lese ich seine Werke mit ganz anderm Verstand und Sinn – und Geist, und verstehe alles viel besser und kann mir ihn dabei denken – ihn sprechen hören. Er spricht ja gerade so, wie er schreibt – und wie schön ist er noch jetzt – ich kann mir nicht helfen, es klingt lächerlich – aber nie sah ich einen schöneren Mann …*

Die ebenfalls in Marienbad anwesende, mit dem Hause Parthey befreundete Fürstin Pauline von Hohenzollern hatte die Be-

kanntschaft des jungen Mädchens mit dem Dichter arrangiert. *»Hier wohnt er«, sagte die Fürstin. Die Fenster standen offen, sie stellte sich hin und rief: »Herr von Goethe!« – Er erschien alsbald oben am Fenster in schöner Wäsche und einem Schlafrock (es soll ein Flausch gewesen sein) blendend weiß, mit hübschen Entschuldigungen, daß er noch so gar »morgendlich« sei – ich sah hinauf wie nach einem Stern – ... »Jetzt muß ich Sie vorstellen H. v Goethe, hier sind 3 Damen aus Berlin, die Ihnen sehr schöne Grüße zu bringen haben, von wem doch schon?« »Von Zelter?« – »Ja von Zelter, dies ist Lili Parthey, wenn Sie von ihr gehört haben.«*
Goethe hatte von Lili gehört, Zelter hatte schon von ihr berichtet. Sie besaß eine herrliche Singstimme – ein Jahr später würde sie einen Komponisten heiraten.
Als Goethe bald darauf zu den Damen ins Zimmer trat, wurde Lili rot: *ich habe mir nicht gedacht, daß er noch so aussehe,* notiert sie in ihrem Tagebuch. *Die Augen sind unendlich schön, Gottlob, daß ich sie und ihn nicht 30 Jahre früher gesehen habe – es ist eine Milde darin und ein Feuer, ich habe so etwas noch nie gesehen. Der Mund ist alt, wenn er nicht spricht, aber sobald er ihn bewegt oder freundlich aussieht, was er oft tat, so ahnet man seine ganze Schönheit.*
Er wurde auf den Sopha gesetzt, ich neben ihn auf einen Stuhl ... Es war sehr schön, und ich nahm mir die Freiheit, ihn immer anzusehn, denn das geschieht mir doch vielleicht nicht wieder. Meinen Gruß von Zelter mußte ich ihm wiederholen. Ja, sagte er, da schreibt er mir immer so viel von seinen schönen Schülerinnen ..., nun verstehe ich denn wohl, was es damit auf sich hat –
Man sprach über gemeinsame Berliner Bekannte. Lili Parthey war als Mitglied von Zelters Singakademie mit der künstlerischen Elite Berlins gut vertraut, mit Mendelssohns und dem Fürsten Radziwill, der den »Faust« vertont hatte. Goethe äußerte sich wohlmeinend über die Skulpturen des Bildhauers Rauch

und erzählte von Bettine von Arnim, *die in ihrer Kindheit und Jugend viel in Frankfurt bei seiner Mutter gewesen sei.*
Als Goethe sich verabschiedete, hatte Lili den Auftrag, Gruß und Kuß zu überbringen, nicht ausführen können. Sie erreichte den Dichter noch auf der Treppe. *Er wandte sich zu mir, ich stand ein paar Stufen höher und sagte mit bewunderungswürdiger Kühnheit: »Zelter hätte mir nicht nur einen Gruß aufgetragen, sondern auch was sich darauf reimt.« – Er verstand das augenblicklich und ich bekam einen sehr schönen – und dann sagte er gar: »Mein schöner Engel, Millionen Dank sage ich Ihnen.« – Dabei wollte er mir die Hand küssen, was ich natürlich nicht litt, sondern ihm eben so natürlich den Mund hinhielt … Ich kam in bedeutender Ekstase wieder herein, ganz rot, wie die Fürstin meinte …*
Daß die Szene, die mitten in die Ulrike-Tage fiel, nicht unerotisch war, erfährt man durch Goethe selbst. Er antwortete der Fürstin von Hohenzollern, als man sich anderntags in der Brunnenhalle traf: *»Ach erinnern Sie mich doch nur nicht an das, was ich zu vergessen suche.« »Wie, vergessen wollen Sie es?« »Ja, das war schlimm – sehr schlimm und gefährlich.«*
Beim anschließenden Spaziergang sprach Goethe mit der schönen Lili Parthey über seine Jugendliebe Lili Schönemann. Als sich Lili des Namens wegen mit ihr verglich, nannte er es »ominös«. Lili bemerkt: *Er hat eine kleine, ganz liebenswürdige Angewohnheit, im Laufe des Gesprächs »Ach ja!« einzuschieben, das durch Ton und Ausdruck eine ganze Welt von Erinnerung und Bedeutung erhält. Ich werde es nie vergessen …*
Man kann annehmen, daß auch Ulrike von Levetzow diesen *Ton und Ausdruck* nicht weniger deutlich spürte als Lili Parthey, die Goethe *unwiderstehlich* fand. Der Fürstin von Hohenzollern entging die amouröse Atmosphäre nicht. Sie bemerkte, so Lili, *wie stolz und verklärt ich neben ihm ausgesehen hätte, ganz wie eine selige Braut.*

Maria Szymanowska. Ölgemälde von Alexander Kokular, 1825

In Berlin überreichte Zelter dann seiner Schülerin Lili einen Brief von Goethe. Ein Gedicht für sie war eingelegt. Lili klebte das zart geränderte Blatt mit Goethes Versen in ihr Album:

An Lili.

Du hattest gleich mir's angethan,
Doch nun gewahr ich neues Leben;
Ein süßer Mund blickt uns gar freundlich an,
Wenn er uns einen Kuß gegeben.
M.B. 23.7.23. G.

Eine weitere Begegnung mit einer schönen und bemerkenswerten Frau fiel in die Zeit des Werbens um Ulrike von Levetzow. Mitte August 1823 kam die weltberühmte Musikerin Maria Szymanowska nach Marienbad, um Konzerte zu geben. Sie war vierunddreißig Jahre alt, geschieden und Mutter von zwei Töchtern. Die attraktive Polin, charmant, elegant und geistvoll, galt als eine der besten Pianistinnen ihrer Zeit. Im Jahr zuvor war sie als Komponistin am kaiserlichen Hof von St. Petersburg tätig gewesen.

Goethe machte ihre Bekanntschaft nach einem Konzert und war von ihrer Erscheinung ebenso fasziniert, wie er von ihrem Klavierspiel angerührt war. Im Brief an Zelter nannte er die *schöne, liebenswürdige, polnische Frau* eine *unglaubliche Pianospielerin,* deren beseeltes Spiel ihm in der labilen Gemütslage, in der er sich befand, Trost gespendet habe. Er verfaßte unter dem Eindruck ihrer Erscheinung und ihres Spiels ein von Musik erfülltes Gedicht, das mit den Worten endet:

Da fühlte sich – o daß es ewig bliebe! –
Das Doppel-Glück der Töne wie der Liebe.

Später bildete das Gedicht, *das die Leiden einer bangenden Liebe* ausdrücke, wie Goethe erklärte, den Abschluß der »Marienbader Elegie«.[25]

VIII.
Marienbader Gedichte

Du hattest längst mir's angetan

Goethes Schwiegertochter Ottilie wird erstaunt gewesen sein, überschwengliche, glückliche Briefe aus Marienbad zu erhalten von einem Mann, an dessen Krankenbett sie tagelang gesessen hatte, seinen Tod vor Augen. Jetzt war nicht nur von Wein und Tanz die Rede, sondern auch – nicht nur zwischen den Zeilen – von Liebe. Am 4. August 1823 berichtete ihr Goethe von seinem Kuraufenthalt mit unmißverständlich erotischen Andeutungen. Er habe ein Fest zu Ehren des preußischen Königs mitgemacht. Für den Herzog, schrieb Goethe, *fand sich einiges Anziehende;* Napoleons Bruder Louis Bonaparte, ehemals König von Holland, *nahm keinen Anstand sich auch etwas Hübsches auszusuchen* – und offenbar blieb auch er, Goethe, nicht allein. *Ich gelangte erst um Mitternacht zu Hause, woraus du erraten wirst, daß außer Tanz, Tee, Abendessen und Champagner, wovon ich nichts mitgenoß, sich noch ein Fünftes müsse eingemischt haben, welches auf mich seine Wirkung nicht verfehlte.*

Amor hatte sich *eingemischt*. Der Schwiegervater bemerkte sogar, in Marienbad *beinahe glücklich zu sein* und verriet auch die Urheberin dieses Glücks, beziehungsweise ihren Namen. *Ich habe nicht Lust zunächst von hier wegzugehen; schöne Wohnung, die beste Nachbarschaft und seit einiger Zeit das herrlichste Wetter. Von meinem Befinden will ich nichts sagen; aus Vorstehendem erhellt, daß meine Gebrechen mich wenigstens nicht hindern vergnügt, ja beinahe glücklich zu sein. Grüße Ulriken, deren Name als vorzüglichstes Ingredienz dieser Zustände sich täglich beweist.*

Abend für Abend hatten die erstaunten Kurgäste den berühmten Dichter an der Seite von Ulrike von Levetzow gesehen.

Man fand ihn bei Stegreifspielen und Redouten, von denen er sich sonst ferngehalten hatte, man erblickte ihn sogar bei heiteren Spielen im Kreise junger Damen. Der Zauber einer Anmut, die ihm galt, wirkte unwiderstehlich, anders war nicht zu erklären, daß man den Staatsminister bei Tanzvergnügen und Pfänderspielen sah.

Ulrike von Levetzow erzählte Ludwig Stettenheim, was dieser dann aufgezeichnet hat: *»Goethe erfreute sich«, so plauderte sie fort, »mit mir und unserem Kreise junger Mädchen zu verkehren. Er lehrte uns Gesellschaftsspiele. Eines Tages saßen wir wieder beisammen, und Goethe schlug folgendes Spiel vor: Ein Mitglied der Gesellschaft muß ein Thema anschlagen und darüber reden. Der Nachbar fährt fort; aber ein anderer hat das Recht, ein Wort einzuwerfen, das in die Erzählung verwoben werden muß, und so geht das Spiel weiter. Ich begann nun von einer schönen Gegend zu reden und spann das Thema aus. Das Spiel ging im Kreise herum, und als ich wieder drankam, warf Goethe das Wort ›Strumpfband‹ ein. Ich wurde rot und wußte nicht, was ich sagen sollte. Da lachte Goethe und half mir aus der Verlegenheit, indem er selbst die Erzählung fortsetzte, und zwar ging er sogleich auf den Strumpfband-Orden über.«*[26]
Vermutlich wollte Ulrike das Vorkommnis verharmlosen, doch es wird deutlich, daß Goethe es auf anzügliche Themen geradezu abgesehen hatte. Er lachte über Ulrikes Befangenheit, und die Neunzehnjährige wird kaum so ahnungslos gewesen sein, nicht zu merken, was hier gespielt wurde.
Goethes Notizen jener Tage bezeichnen eine Reihe von Bällen und Festen, bei denen er zugegen war. 13. Juli 1823: *Ball bei Frau von Geymüller,* 20. Juli: *Ball von 7 bis 10 Uhr,* 24. Juli: *Ball aus dem Stegreif, kleines Abendessen bis Mitternacht,* 25. Juli: *Abends bei der Gesellschaft. Kleine Spiele,* 26. Juli: *Die Frauenzimmer tanzten nach dem Flügel, den Graf Klebelsberg schlug.* 27. Juli: *Abends auf dem*

Ball, 28. Juli*: Kleine Spiele und Tanz.* 30. Juli: *Abends auf dem Ball.* 1. August: *Mit den Schwestern spazieren gegen die Mühle.* 5. August 1823: *Zur Familie. Die Kinder hatten einen großen Bergspaziergang gemacht … Mit den Schwestern auf den Waldsitz. Über den Kreuzbrunnen nach Hause.* 5. August: *Nicht getrunken. Der Mann von 50 Jahren.* 7. August: *Auf der Terrasse. Viel hin- und hergegangen. Vorher bei dem Großherzog. Die Verlobung aus dem Stegreife besprochen … Spät zur Gesellschaft. Sodann bei Tische. Fräulein Meyer ward als Rehbeins Braut vorgestellt und auf des Paares Gesundheit getrunken. Bekam mir nicht. Schlimme Nacht.*

Verlobung aus dem Stegreif, das bedeutete, daß Goethes Arzt Dr. Wilhelm Rehbein sich Hals über Kopf in ein Fräulein Catty Mayer von Gravenegg verliebt hatte und sich noch während seines Kuraufenthaltes mit ihr verlobte. Der für Goethes Geschmack übereilte Schritt machte ihm wegen seiner eigenen Situation zu schaffen. *Befand mich nicht wohl, schlimme Nacht,* und noch einmal: *9. August: Dr. Heidler. Über meine Zustände gesprochen und sehr verständige Anordnungen gemerkt.* Carl Joseph Heidler war der zuständige Badearzt. Goethe hatte ihn also aufgesucht. Von ihm konnte er sehr wohl eine Diagnose über seinen körperlichen Zustand einholen und Ratschläge im Hinblick auf seinen eigenen Heiratswunsch erhalten. Man darf annehmen, daß Dr. Heidler sich nicht ungünstig geäußert hat.

Tagebuch vom 10. August: *Gutes Befinden. Diktiert am Mann von 50 Jahren.* 12. August: *Den Schwestern begegnet. Lustige Einholung des heranfahrenden Wagens. Auf der Terrasse Augenblick und im Zimmer.* Hier verbirgt sich unversehens ein Hinweis. Was geschah »auf der Terrasse und im Zimmer«?

Damals entstand ein Gedicht, das die Situation recht eindeutig beleuchtet. Goethe wußte, daß seine Umgebung die Liebschaft eines alten Dichters zu einem jungen Mädchen verurteilte, und kleidete seine Verteidigung in Verse.

Tadelt man daß wir uns lieben,
Dürfen wir uns nicht betrüben,
Tadel ist von keiner Kraft.
Andern Dingen mag das gelten,
Kein Mißbilligen, kein Schelten
Macht die Liebe tadelhaft.

Im Brief an Ottilie vom 14. August 1823 schrieb Goethe: ... *es ist recht lustig, wenn die Enkel über des Großvaters Torheiten erstaunen und sie sich als wichtige Begebenheiten einprägen. Soviel für diesmal ... Und doch, um keine leere Seite zu lassen, einige Fallsterne, wie sie in schöner klarer Nacht vorüber streifen.*
Die *Fallsterne,* also Sternschnuppen, waren sechs Gedichte, die in Marienbad für Ulrike von Levetzow entstanden waren. Als sie 1827 veröffentlicht wurden, setzte Goethe hinzu: *Sind als Aufblicke von Galanterie, Neigung, Anhänglichkeit und Leidenschaft im Konflikt mit Weltleben und täglicher Beschäftigung zu betrachten; wie denn der Liebende auch als Wetterbeobachter auftritt.* Damit waren zwei Gedichte gemeint, in denen das Wetter zum Indikator für das Miteinander zweier Liebender wird: *ob's heitert? ob es regnet?* Mit *Howard* ist der englische Naturwissenschaftler gemeint, der Wetter und Wolken analysierte.

Du Schüler Howards, wunderlich
Siehst Morgens um und über dich
Ob Nebel fallen oder steigen,
Und was sich für Gewölke zeigen.

Auf Berges Ferne ballt sich auf
Ein Alpenheer, beeist zu Hauf,
Und oben drüber flüchtig schweifen
Gefiedert weiße luftige Streifen;

Doch unten senkt sich grau und grauer
Aus Wolkenschicht ein Regenschauer.

Und wenn bei stillem Dämmerlicht
Ein allerliebstes Treugesicht
Auf holder Schwelle dir begegnet,
Weißt du ob's heitert? ob es regnet?

Wenn sich lebendig Silber neigt,
So gibt es Schnee und Regen,
Und wie es wieder aufwärts steigt
Ist blaues Zelt zugegen.
Auch sinke viel, es steige kaum
Der Freude Wink, des Schmerzens,
Man fühlt ihn gleich im engen Raum
Des lieb-lebend'gen Herzens.

Das Gedicht »Du gingst vorüber« beschreibt vermutlich ein reales Ereignis, das in dem rührenden Ausruf gipfelt: *Bin ich denn blind?*

Du gingst vorüber? Wie! ich sah dich nicht;
Du kamst zurück, dich hab' ich nicht gesehen –
Verlorner, unglücksel'ger Augenblick!
Bin ich denn blind? Wie soll mir das geschehen?

Doch tröst' ich mich und du verzeihst mir gern,
Entschuldigung wirst du mit Freude finden;
Ich sehe dich, bist du auch noch so fern!
Und in der Nähe kannst du mir verschwinden.

An Lili Parthey hatte Goethe das Gedicht geschickt: *Du hattest gleich mir's angetan.* Für Ulrike änderte er die erste Zeile, sie hieß nun: *Du hattest längst mir's angetan.* Lili hatte ihn geküßt. Ulrike wird es ebenfalls getan haben, sonst hätte er ihr nicht den Vers überreichen können:

Ein süßer Mund blickt uns gar freundlich an
Wenn er uns einen Kuß gegeben.

IX.
Der Heiratsantrag

... und wenn er ganz allein stände ...
da wollte ich ihn nehmen ...

Man konnte es fast nicht glauben: Goethe ging auf Freiersfüßen. Der Großherzog von Sachsen-Weimar hatte sich persönlich an Frau von Levetzow gewandt, um die Einwilligung zur Heirat ihrer ältesten Tochter Ulrike mit seinem Freund, dem Staatsminister von Goethe, zu erwirken.
Ulrike von Levetzow schreibt über jenen Sommer 1823, in dem Goethe um sie warb:
Hier verläßt mich nun mein Gedächtnis; denn ich erinnere mich nicht recht, ob in diesem Jahre oder erst in dem darauffolgenden der Großherzog von Weimar, welcher ja so befreundet mit Goethe war, auch nach Marienbad kam; doch daß er in unserm Haus wohnte, das weiß ich, wie auch, daß das Haus noch nicht den Namen »Stadt Weimar« erhalten hatte. Ich sagte schon, daß der Großherzog sehr befreundet mit meinen Großeltern und meiner Mutter war, auch uns hatte er schon als Kinder öfters gesehen; er war mit uns Allen sehr freundlich und gnädig, und er war es, welcher meinen Eltern und auch mir sagte, daß ich Goethe heiraten möchte; erst nahmen wir es für Scherz und meinten, daß Goethe sicher nicht daran denke, was er widersprach, und oft wiederholte, ja selbst mir es von der lockendsten Seite schildert, wie ich die erste Dame am Hof und in Weimar sein würde, wie sehr er, der Fürst, mich auszeichnen wolle, er würde meinen Eltern gleich ein Haus in Weimar einrichten und übergeben, damit sie nicht von mir getrennt lebten, für meine Zukunft wolle er in jeder Weise sorgen; meiner Mutter redete er sehr zu und später hörte ich, daß er ihr versprochen, daß, da nach aller Wahrscheinlichkeit ich Goethe überleben würde, er mir nach dessen Tod eine jährliche pensi-

on, 10.000 Taler, aussetzen wolle. Meine Mutter hatte sich aber fest vorgenommen, keine ihrer Töchter zu einer Heirat zu überreden und zu bestimmen, doch sprach sie darüber mit mir und frug mich, ob ich mich wohl dazu geneigt fühle, worauf ich erwiderte: ob sie es wünsche, daß ich es tue; ihre Antwort war: »Nein, mein Kind, Du bist noch zu jung, um daß ich dich schon jetzt verheiratet sehen mögte; doch ist der Antrag so ehrenvoll, daß ich auch nicht, ohne Dich darüber zu fragen, ihn abweisen kann; Du mußt es dir überlegen, ob Du in einer solchen Lage den Goethe heiraten willst.« Ich meinte, ich brauche keine Zeit, zu überlegen, ich hätte Goethe sehr lieb, so wie einen Vater, und wenn er ganz allein stände, ich daher glauben dürfte, ihm nützlich zu sein, da wollte ich ihn nehmen; er habe ja aber durch seinen Sohn, welcher verheiratet sei und welcher bei ihm im Haus lebt, eine Familie, welche ich ja verdrängte, wenn ich mich an ihre Stelle setzte; er brauche mich nicht, und die Trennung von Mutter, Schwester und Großeltern würde mir gar zu schwer; ich hätte noch gar keine Lust zu heiraten. So war es abgemacht. Goethe selbst sprach nie darüber, weder mit meiner Mutter noch mit mir, wenn er mich auch seinen Liebling nannte, doch meist sein liebes Töchterchen.

In diesem Bericht, der aus einem Abstand von siebzig Jahren niedergeschrieben wurde, verfährt Ulrike von Levetzow mit großer Sachlichkeit, um allen Spekulationen über ein gewesenes Liebesverhältnis den Boden zu entziehen. Man hatte Mutmaßungen über ihr Verhältnis zu Goethe in den Gazetten lesen können. Darum schildert die mittlerweile Neunzigjährige, die als Ehrenstiftsdame des Klosters zum Heiligen Grabe und als geachtete Gutsherrin auf Schloß Trziblitz lebte, die dramatischen Ereignisse, die sich im Sommer 1823 abspielten, noch nüchterner, als sie in Goethes Tagebuchnotizen erscheinen.

Das Gerücht, der alte Goethe gehe als Bräutigam umher, drang sofort auch nach Weimar. Schon am 12. August – die Werbung war kaum ausgesprochen – meldete Caroline von Humboldt ihrem Mann aus Karlsbad: *Man spricht hier viel von zwei Fräulein von Levetzow, ohne die man Goethen selten oder nie in Marienbad zu sehen bekäme. Sie hängen immer an seinen Armen. Man sagte vorige Woche sogar, er hätte die älteste geheiratet. Doch hoffe ich, sind solche Ideen dem dreiundsiebzigjährigen Goethe fremd.*[27]

Derartige Informationen erreichten August und Ottilie in Windeseile. Goethe, so beobachteten die Kurgäste, war fast nur noch in Begleitung des Fräuleins anzutreffen. Nur durch sie, erfuhren die Besucher, gelangte man überhaupt zu ihm. Ulrike bezeugte es selber im Gespräch mit Stettenheim: *Sehr lästig waren Goethe die vielen Besuche Unbekannter; wenn diese sich aber an Ulrikens Mutter oder an sie selbst mit der Bitte zum Vermittlung wendeten, so empfing er sie; sonst konnte er sehr steif, reserviert und abweisend sein.* Goethe bete das Fräulein an, berichtete Caroline von Humboldt ihrem Mann.

Immerhin bestätigt Ulrike von Levetzow handschriftlich, was sonst nur als Gerücht kursierte: daß es tatsächlich zu einem Heiratsantrag kam. Sie schildert sich dabei als unvorbereitet und einigermaßen ahnungslos. Durch Goethes Tagebuchnotizen erfährt man jedoch, daß es vertrauliche Gespräche gab, und auch Ulrike erwähnt, daß Goethe sie seinen *Liebling* nannte – der Kosename wird kaum ohne ihre Zustimmung gebraucht worden sein. Sie wußte also, wie es um die Gefühle ihres Bewerbers stand.

Ulrike hat gegenüber Ludwig Stettenheim, als sie ihm gesagt hatte: »*Es war keine Liebschaft, sondern Goethe fand Gefallen an mir…*«, dies noch einmal in doppelter Verneinung bekräftigt: »*Keine Liebschaft war es nicht.*« Nach Goethes Eindruck verhielt es sich anders, sonst hätte er nicht seinen Herzog gebeten, für ihn als Brautwerber aufzutreten. Er wird mit einer günstigen Antwort gerechnet haben.

Goethe erlebte Ulrike jetzt zum dritten Mal, und seine Gefühle für sie waren nicht schwächer geworden. In drei glücklichen Sommern hatte er sich überzeugen können, daß diese junge Frau Eigenschaften besaß, die ihm wohl taten. Ihre Mutter hat es brieflich bestätigt: *Ulrike ist, wie sie war,* schrieb sie 1829 an Goethe, nämlich *gut, sanft, häuslich,* und gerade durch ihre Anpassungsfähigkeit und Gefälligkeit habe sie viele Freunde.

Sanft und gut, das sind Eigenschaften, die der Dichter auch in seiner »Elegie« hervorhebt. Er erlebt buchstäblich den *Frieden Gottes* in der Nähe *des allgeliebten Wesens.* Nicht Marianne von Willemer, nicht Sylvie von Ziegesar oder Maria Szymanowska waren es, die er auf Dauer um sich haben wollte. Sie war es, Ulrike von Levetzow, die ihm als Ideal erschien. Aus vornehmer Familie stammend, gebildet und gewandt, fände sie die beste Aufnahme in Weimar und am herzoglichen Hof; liebenswürdig, ruhig und häuslich, würde sie ihn sein Alter und seine Einsamkeit vergessen machen.

Ob sie Goethe heiraten wolle, hat Amalie von Levetzow ihre Tochter gefragt. Ulrikes Antwort ist bezeichnend. Sie habe Goethe *sehr lieb,* sagte sie, und wenn er allein lebte, würde sie ihn nehmen. In ihrem Zögern lagen weder Abneigung noch Erschrecken oder Furcht vor seinem Alter, sondern Rücksicht auf seine familiäre Situation. Sie wollte ihm nützlich sein. Einen einsamen Goethe hätte sie genommen: *wenn er ganz allein stände … da wollte ich ihn nehmen.* Aber wie sie wußte, wohnten mit ihm im Haus der Sohn, die Schwiegertochter und zwei Enkel, die der alte Herr über alles liebte und die sie keinesfalls *verdrängen* wollte.

Die Auseinandersetzung mit August und Ottilie, hatte Goethe gemeint, würde sich regeln lassen. Doch Ulrikes Gefühl der Rücksichtnahme war richtig. In Goethes Haus herrschte große Aufregung, seit die Nachricht von der *Marienbader Grazie* die Runde machte, und die Erregung wuchs noch, als das Gerücht des splendiden Eheangebots bis zum Frauenplan drang. Die Bedingungen, von denen man hörte, schienen einer Fürstin zu gelten. Dem jungen Mädchen wurden die glänzendsten Aussichten eröffnet, eine hohe Pension in Aussicht gestellt, ihren Eltern ein eigenes Haus in Weimar angeboten – das Freifräulein von Levetzow sollte sogar *die erste Dame bei Hofe* werden.

In ihrer Darstellung behauptet Ulrike von Levetzow, man habe den Antrag zunächst für einen Scherz gehalten, widerspricht dem aber selber in einem Brief an ihren Neffen Franz von Rauch, worin sie erklärt: *Dem Großherzog von Weimar war es sehr Ernst, daß ich Göthe heiraten sollte und kein Scherz von ihm.*[28] In ihrem Bericht fährt sie fort: *Im Jahre 1823 waren wir nur kurze Zeit mit ihm in Marienbad zusammen, da meine Mutter Carlsbad brauchen mußte, wohin Goethe aber auf einige Tage kam, mit uns im selben Haus wohnte und immer mit uns war, mit uns frühstückte und speiste, uns des Abends abwechselnd vorlesen ließ, wozu meine Schwester Amélie sich nie entschließen wollte und sich sehr viel mit ihm neckte, da sie sehr lebhaft war.*

Sie sei in diesem Sommer *nur kurze Zeit* mit Goethe zusammen gewesen? Die Erinnerung trügt, es waren in Marienbad sieben Wochen, und im Anschluß daran noch einmal zwölf Tage in Karlsbad. Man reiste, *da meine Mutter Carlsbad brauchen mußte* – auch das stimmt nicht ganz. Amalie von Levetzow ging nicht ihrer Gesundheit wegen mit den Töchtern nach Karlsbad. Der Heiratsantrag hatte sich bald herumgesprochen, sie wollte den Gerüchten aus dem Wege gehen. Caroline von Humboldt erfuhr es aus erster Hand. *Frau von Brösigke hat Bekanntinnen, die in ihrem Hause wohnen, erzählt, Goethe habe ihrer Enkelin seine Hand angetragen und ihr gesagt, sie würde auch in seiner Familie von seinem Sohn und Schwiegertochter sehr geehrt und auf Händen getragen werde. Vom Großherzog aber würde sie als seine Witwe 2000 Taler Pension jährlich haben. Das Fräulein aber, sagt die*

Großmama, könne sich nicht zu einer im Alter so sehr ungleichen Heirat verstehen[29] (31. August 1823).

Wie Ulrike berichtet, hat ihre Mutter ernsthaft mir ihr über den Antrag gesprochen und ihr alleine die Entscheidung überlassen. Goethe hat aber offenbar weder damals noch später etwas von diesem Gespräch erfahren und seinerseits nie ein Wort darüber verlauten lassen. Ulrike begegnete ihm weiterhin mit gewinnender Liebenswürdigkeit, und Goethe behielt seine heitere Laune unverändert bei.

In Goethes Tagebuch vom 17. August 1823 heißt es: *Die Familie bereitete sich zur Reise. Man versammelte sich beim Frühstück und machte vor dem Abschied Plane, sich wieder zu sehen. Deshalb man denn auch fröhlich auseinanderging.* Schon da war er also entschlossen, Ulrike nachzureisen. Während er seine Sachen packte, besuchte ihn überraschend Caroline von Humboldt. *Große Freude hat es mir gemacht, Goethe noch zu sehn,* schrieb sie ihrem Mann. *Ich fand ihn wohl aussehend, besonders, wenn man seinen Zustand im Winter bedenkt … und wirklich weniger alt und verfallen in den Zügen als in Rauchs Büste.*

Goethe fuhr zuerst nach Eger, wo er Rat Grüner traf, mit dem er am Rebberg geologische Untersuchungen vornahm. Grüner hatte den Berg im Westen, Osten und Norden exakt erforscht. *Und wie ist es mit der Südseite?* habe Goethe angemahnt mit der Begründung: *es ist nicht sicher, daß ein Mädchen, welches mich am ersten und dritten Tag geküßt, den zweiten Tag nicht auch einen anderen geküßt haben kann.*[30]

In Gedanken bei Ulrike, sandte er ihr aus Eger Gitarrennoten, Lieder und einen kleinen Liebesbrief. *Dieser Sendung wird die allerliebste Ulrike wohl ein heitres Gesichtchen zuwenden das Ihr so wohl steht. Die Claviernoten sind vom Grospapa, die Stimmen vom wohlbekannten Freunde, da sie vielleicht gelegentlich angenehm sein könnten. – Wie befindet sich die liebe Mutter? mit ihren schönen*

Kindern? Tausend Grüße, Wünsche und dergleichen. Treulich wie immer, diesmal ungedultig. Goethe. Eger d. 21. August 1823.

Diesmal ungedultig – er wartete auf das Wiedersehen und auf eine Antwort. Kaum eine Woche war vergangen, da er Ulrike zuletzt sah, und schon reiste er zu ihr, nahm sogar seine Wohnung im gleichen Haus, obwohl er sehr gut in den »Drei Mohren« Platz gefunden hätte.[31]

Caroline von Humboldt wußte es schon. *Von Goethe hörte ich gestern, daß er es in Eger nicht hat aushalten können, sondern nach Karlsbad gegangen ist, wo das Fräulein mit ihrer Mutter ist, welches er anbetet. Sie heißt Levetzow. Es ist dies eine kuriose Geschichte, die der ganzen Familie und ihres Zusammenhangs.«*[32]

Goethes Tagebuch klingt freudig. *Meldung bei Frau von Levetzow. Über ihr im 2. Stock vom goldenen Strauß eingezogen. Schönes Quartier, schöne Aussicht. Es war ein Wagen mit Früchten und sonstigen Viktualien von Graf Klebelsberg angelangt. Köstliche Feigen und Aprikosen ... Mit der Familie gegen den Posthof. Abends vor der Türe, beim Tee.* 26. August: *Mit der Familie gefrühstückt. Nachher Almanache und kleine Kupfer mit Ulriken.*

Gelegenheit zu einer Aussprache gab es demnach genügend. Doch über sein Heiratsansinnen hat er offenbar mit Ulrike nie direkt gesprochen. Ihre Mutter wiederum, diplomatisch gewandt und lebensklug, scheint ein klares Nein vermieden und Goethe mit dem Hinweis beschwichtigt haben, das letzte Wort sei noch nicht gesprochen. Andernfalls wäre er kaum in der anhaltend guten Laune gewesen, die seine Notizen Tag für Tag bezeugen.

X.
Goethes Geburtstag

Der Tag des »öffentlichen Geheimnisses«

Goethes dreiundsiebzigster Geburtstag stand bevor. Er wollte ihn nicht wie im Vorjahr beim Grafen Auersperg auf Schloß Hartenberg verleben, die Levetzows waren ihm wichtiger. Ulrike war so reizend wie zuvor, ungezwungen, zutraulich und herzlich. Die Anwesenheit ihrer Schwestern erleichterte die merkwürdige Situation.

Der 28. August 1823 wurde für alle zu einem Höhepunkt. Noch die altgewordene Ulrike erzählt mit sichtlicher Freude und lebhafter Anschaulichkeit von Goethes Geburtstagsfeier. Aber auch diesmal erfährt man nicht die ganze Wahrheit. Sie unterschlägt Einzelheiten wie die nächtlich späten Gespräche, das Zusammensein *auf der Wiese* und den überstürzten Abschied. Sie verschweigt vor allem den Diebstahl ihrer Handschuhe. Dennoch ist ihr Bericht aufschlußreich: der Geburtstag wurde *zum Tag des öffentlichen Geheimnisses*. Ulrike schreibt:

In Carlsbad war er auch an seinem Geburtstag mit uns, und da meine Mutter merkte, daß er nicht wissen lassen wollte, daß es sein Geburtstag, so verbot sie auch uns, es zu erwähnen. Goethe sagte den Tag vorher, er wünsche sehr, daß wir mit ihm recht früh nach Elbogen fahren möchten und daß wir diesen Tag seine Gäste seien, wie er die ganze Zeit unser Gast gewesen. Mutter nahm es an, setzte für diesen Tag ihre Küche aus, und als Goethe um 7 Uhr früh zum Frühstück herunterkam, stand eine hübsche Tasse, auf welcher ein Efeu-Kranz, an seinem Platz; nachdem er sie eine Weile betrachtet, wandte er sich zu meiner Mutter: »Warum die schöne Tasse?« – »Damit Sie an unsere Freundschaft erinnert werden. Efeu ist ja deren Sinnbild.«

Goethe reichte der Mutter die Hand: »Wie hübsch, es soll mir ein liebes Andenken sein.«

Goethes Wunsch folgend, unternahm man einen Tagesausflug nach Elbogen. Die kleine Gesellschaft spazierte den Pfad längs der Eger entlang bis zur Haidingerschen Porzellanfabrik, die durch ihre schönen Tassen berühmt war. Dann stiegen alle hinauf zur Burg und betrachteten den Meteor, der »Verwunschener Prinz« genannt wurde. Das Mittagessen hatte Goethe durch den Diener Stadelmann im »Weißen Roß« auf der romantischen Terrasse bestellen lassen. Die Rechnung des Wirts, die sich erhalten hat, trägt den Vermerk, daß auch ein Blumenstrauß besorgt wurde.[33]

Ulrike schildert noch nach Jahren den erheiternden Dialog zwischen Goethe und ihrer Mutter, die das heimliche Spiel durchhielt und immer so tat, als wisse man nichts von einem Geburtstag. Dabei hatte sie eigens einen Kuchen und zwei Flaschen Rheinwein mitgenommen. Goethe wußte nicht, was er davon halten sollte. *»Welch schöner geschenkter Kuchen!«* sagte er. *Nun erwiderte die Mutter: »Ich muß doch auch etwas zu dem Diner beitragen, und da wählte ich Biskuit und einen Wein, welches Sie ja lieben.« – »Meine aufmerksame kleine Freundin! Aber welch schönes Glas sehe ich wieder hier mit Ihrem und der lieben Kinder Namen!« Wieder sagte die Mutter: »Wir wollen über allem nicht vergessen sein, und Sie sollen sich unser und auch des heutigen schönen Beisammenseins erinnern und immer daran denken.« – Goethe lächelte, dankte und blieb fort heiter. Zu Ende der Mahlzeit brachte sein Kammerdiener ihm einen ganzen Pack Briefe und Schriften, welche er zum Teil las, dabei öfters sagte: »Die lieben Menschen sind sehr freundlich und lieb«, wohl erwartend, daß wir fragen würden, was aber nicht geschah. So fuhren wir in heiterer Laune nach Karlsbad zurück; schon von weitem sahen wir vor dem Haus auf der Wiese viele Menschen und daß Musik uns erwartet. Gleich als wir ausstie-*

gen, wurde Goethe umringt. Mutter winkte uns, sagte Goethe gute Nacht und ging mit uns hinauf.
Da es schon spät, sahen wir Goethe erst am andern Morgen wieder, wo seine erste Frage war: »Nicht wahr, Sie wußten, daß gestern mein Geburtstag?« Mutter sagte: »Wie sollte ich nicht? Da hätten Sie es nicht drucken lassen müssen!« Lachend schlug er sich vor den Kopf und meinte: »So wollen wir es den Tag des öffentlichen Geheimnisses nennen«, und so erwähnte er es auch später in den Briefen.
Ulrike von Levetzow beschreibt den Geburtstag auf eine Weise, als habe Goethes Aufmerksamkeit hauptsächlich ihrer Mutter gegolten. Die Efeu-Tasse, der Kuchen, der Wein – ausschließlich Maßnahmen der Mutter. Was an diesem Tag zwischen ihr selbst und Goethe vorging, auch daß es zu einer kleinen erotischen Episode gekommen sein muß, gibt sie nicht preis.

Zehn Jahre nach Goethes Tod listete sein Sekretär Christian Schuchardt alle in seinem Arbeitszimmer befindlichen Gegenstände auf; Dinge des täglichen Gebrauchs und persönliche Erinnerungsstücke, die er anderen nie gezeigt hatte. Darunter befand sich auch ein Paar zierlich gesteppter Handschuhe aus feinem, cognacfarbenem Wildleder. Schuchardt notierte unter Nummer 7: *Ein Paar Damenhandschuhe, worauf mit Tinte geschrieben ist = Karlsbad den 28. August.*[34]
Eine solche Intimität wie die, daß Goethe ihre Handschuhe sozusagen stellvertretend für die Hand, um die er anhielt, mit sich nahm, hat Ulrike niemanden wissen lassen. Goethe verschloß die *Damenhandschuhe* in seiner Schreibtischschublade, zusammen mit dem Kristallglas, auf dem ihr Name eingraviert war – Erinnerungen an seinen Geburtstag mit Ulrike.
Er selber notierte sich über jenen Tag: *28. August. Karlsbad. Früh aufgestanden. Meist reiner Himmel, wenig Wolken am Horizonte. Man eilte, um 7 Uhr fortfahren zu können. Gegen 9 Uhr kamen wir*

in Elbogen an. Der Himmel hatte sich überzogen. Eine halbe Stunde mochte die Fahrt heißer gewesen sein. Im weißen Roß eingekehrt, wo Stadelmann alles gestern bestellt hatte. Großer Spaziergang erst am rechten Ufer der Eger, durch die neuen Felsengänge. Bertha mit dem Gestein beschäftigt. Zuletzt sehr warm. Rückkehrend fanden wir Stadelmann und John, die mit dem Dessert angekommen waren. Lieber Brief von meinem Sohn. Glasbecher mit den drei Namen und dem Datum. Die Marienbader Geschichten rekapituliert und andere. Aufs Rathaus, den Meteorstein zu sehen. In die Porzellanfabrik. Erhielt Zwillings-Kristalle. Nach 6 Uhr abgefahren, bei kühler Luft besonders gegen Nordost und am Horizont bedecktem Himmel. Glücklich zurückgekehrt bei einbrechender Nacht. Unterhaltung über des Grafen Klebelsbergs Gut, dessen Vater und Gesinnungen. Freundlichster Abschied.

Freundlichster Abschied – Von den gemeinsamen Abenden erwähnt Ulrike kaum etwas. Man saß zuerst vier Stunden gedrängt in der Kalesche, machte dann einen *großen Spaziergang*, besichtigte die Porzellanfabrik, sprach über das böhmische Schloß Tzriblitz und die Heiratsabsichten des Grafen Klebelsberg, der später ihr Stiefvater wurde, kehrte *bei einbrechender Nacht* zurück. Von alledem nicht ein Wort bei ihr.

Die Zusammenkunft am folgenden Tag erwähnt Ulrike gar nicht. Bei Goethe heißt es: *Gegen Abend gingen wir aus. Gemäßigte Wärme. Auf dem Mariannensitze lange verweilt, es gab mancherlei gute, unterrichtende Gespräche. Bei der Rückkehr noch eine Zeitlang auf der Wiese …* 30. August: *Zum Frühstück mancherlei Abenteuer rekapituliert … Das alte Schloß bestiegen. Wunderliche Abenteuer. Großes Gelächter. Die Dreifaltigkeits-Kapelle. Fortgesetzte Lustigkeit. Auf dem Straßen-Hause späten Kaffee. Anlässe zu Spaß und Spott. Bei dem herrlichsten Wetter nach Hause. Carlsbad mit Zimmerlichtern und Straßenlaternen. Heitere Verwechslung der Sterne. Um 9 Uhr angelangt. Neue Projekte. Man blieb noch lange beisammen.* 31. August: *Frau von Levetzow erzählte die Geschichte ihres Zusammentreffens mit Frau von Stael in Genf.*

Das sind Ausflüge, die der Dichter ohne Ulrike nicht unternommen hätte. Weder hätte er Kaffee in einem *Straßen-Haus* getrunken, noch hätte er abends stundenlang plaudernd vor der Tür gesessen, noch hätte er freiwillig eine miserable Komödie besucht. *Abends in die Komödie. Simson, eine Art Melodrama, an und für sich abscheulich; die Vorstellung noch abscheulicher. Nachher auf der Wiese spazieren. Nachts zusammen. Die Jüngeren zeitig zu Bette. Blieb mit Frau von Levetzow und Ulriken in vielfachen Erinnerungen.*

Bei einer dieser Gelegenheiten, beim Betrachten und »Verwechseln« der Sterne, ließ Goethe Ulrike sicher wissen, wie ihm ums Herz war, denn er schrieb an Amalie, Ulrike kenne ihn ganz, *das heißt das Innerste meiner Gesinnung.* Vielleicht gewährte ihm das junge Mädchen auch vor dem abendlichen Auseinandergehen jenen Kuß, von dem im frühen Gedicht und später in der »Elegie« die Rede ist.

Wie regte nicht der Tag die raschen Flügel,
Schien die Minuten vor sich her zu treiben!
Der Abendkuß, ein treu verbindlich Siegel:
So wird es auch der nächsten Sonne bleiben.

Goethes Tagebuch vom 1. September 1823: *Gefrühstückt auf der Wiese ... Zusammen zu Tische. Frau von Levetzow und Ulriken zum Schilde begleitet ... Kleines dramatisches Fest zum Empfang des Grafen Klebelsberg in Trziblitz. Anmutige Erzählung ...*

An den Abenden las man aus Irvings »Sketch Book« und Walter Scotts »Der schwarze Zwerg«. Die Schwestern trugen die Romane abwechselnd vor. Dazu findet sich in Goethes Tagebuch die einzige Kritik, die er jemals an Ulrike geübt hat: sie le-

se zwar *im ganzen natürlich und gut; sie müßte sich zu mehr Energie und Darstellungs-Lebhaftigkeit bequemen.* Seiner Liebe tat das freilich keinen Abbruch, im Gegenteil, sie gefiel ihm immer besser.
Goethes Tagebuch: *3. September Karlsbad. Gegen den Brunnen zu gegangen [Ulrike] abzuholen. Auf der Wiese gefrühstückt. Glaswaren bei Mattoni besehen ... Mittag zusammen. Gegen 4 Uhr auf Aich. Kleid von gegittertem echten schottischen Zeuge, das [Ulrike] sehr gut stand ... Den Fürsten Hohenzollern und Gesellschaft gesprochen. Den Obrist Burggrafen begrüßt ... Auf der Wiese ... Man blieb beisammen. Amelie voller Torheiten. Gegen 10 Uhr sah man schon wieder die Sterne an dem teilweise bedeckten Himmel ... Abends mit der Familie. Jugend-Einzelheiten der Töchter.* (4. September 1823)

Nach den zwölf Karlsbader Tagen war die Abreise für den 5. September vorgesehen. Goethe mag sich den Abschied von Ulrike anders gedacht haben, als er dann tatsächlich vor sich ging. Ein gewisser Graf Taufkirchen, für den Frau von Levetzow Glas- und Modewaren besorgte, störte das Zusammensein erheblich. Goethes Tagebuch: *Früh alles gepackt ... Graf Taufkirchen. Als sich der entfernt hatte, allgemeiner, etwas tumultuarischer Abschied ...*
Immerhin bekam er von Ulrike in aller Eile noch einen Abschiedskuß. In der »Elegie« heißt es:

Wie zum Empfang sie an den Pforten weilte
Und mich von dannauf stufenweis beglückte;
Selbst nach dem letzten Kuß mich noch ereilte,
Den letztesten mir auf die Lippen drückte:
So klar beweglich bleibt das Bild der Lieben,
Mit Flammenschrift, in's treue Herz geschrieben.

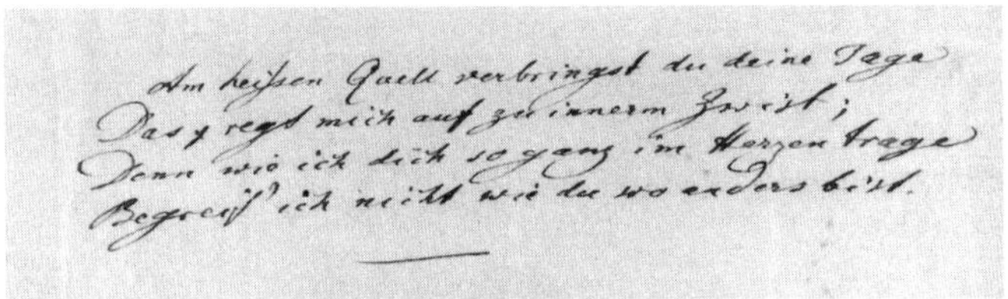

Am heißen Quell verbringst du deine Tage
Das regt mich auf zu innerm Zwist;
Denn wie ich dich so ganz im Herzen trage
Begreif' ich nicht wie du wo anders bist.

J. W. Goethe. Eigenhändige Niederschrift des Gedichts, das er Ulrike noch nach der letzten Begegnung schickte

Goethe sah sich zu seinem Kummer, wie er Frau von Levetzow schrieb, regelrecht um den letzten Abend gebracht, *worauf ich mich, vielleicht mit noch jemand, besonders gefreut hatte.* Ulrike ist gemeint, ihr freundliches Entgegenkommen, ihre Vorfreude auf den letzten Abend mit ihm.

Aus Eger, wo Goethe beim Grafen Auersperg Zwischenstation einlegte, schrieb er ihr, sie möge sich seiner *mit Neigung erinnern.* Das in aufgewühlter Stimmung entstandene Schreiben an die Mutter ist in Wirklichkeit ein Ulrike geltender Liebesbrief. Er fühle sich der Familie *verwandt,* betonte Goethe, und hoffe weiterhin auf *glückliches Gelingen.* Damit ist die mögliche Ehe mit dem geliebten Mädchen angesprochen.

Seinen Dank für die gemeinsamen Wochen, *besonders aber die letzteren,* verband Goethe mit einem Bekenntnis, das ihm unter der Hand zu einer entscheidenden, diesmal schriftlichen Werbung geriet. *Doch wenn mein Liebling (wofür zu gelten sie nun einmal nicht ablehnen kann) sich manchmal wiederholen will was sie auswendig weiß, das heißt das Innerste meiner Gesinnung, so wird sie sich alles besser sagen als ich in meinem jetzigen Zustand vermöchte. Dabei, hoff ich, wird sie nicht ableugnen daß es eine hübsche Sache sei geliebt zu werden, wenn auch der Freund manchmal unbequem fallen möchte …*

Danken aber muß ich noch bündig und herzlich für die Blicke die Sie mich in Ihr früheres Leben tun ließen, ich fühle mich dadurch näher verwandt und verbunden. Auch der Tochter möchte ich noch sagen: daß ich sie immer lieber gewonnen, je mehr ich sie kennen gelernt; daß ich sie aber kenne und weiß was ihr gefällt und mißfällt, wünscht ich ihr persönlich zu beweisen, in Hoffnung glücklichen Gelingens. So am Ende wie am Anfang treu anhänglich G.

Einen Tag danach, am 10. September 1823, wandte sich Goethe an Ulrike direkt. Er schrieb ihr auf sechs mit Goldschnitt versehenen Blättern seine Wünsche auf. Auf der ersten Seite fand Ulrike das Gedicht *Aus der Ferne.*

Am heißen Quell verbringst Du Deine Tage.
Das regt mich auf zu innerm Zwist;
Denn wie ich Dich so ganz im Herzen trage
Begreif' ich nicht wie Du wo anders bist.

Er läßt die Großeltern Brösigke und den verehrten Grafen Klebelsberg grüßen und sagt am Ende: *Und nun noch einen Hauptpunkt! Inständigst bitte mich wissen zu lassen wenn Sie den Ort verändern und wohin. Was ich zunächst wünsche läßt sich leicht erraten.*

Er wünschte, daß Ulrike nach Weimar käme.

XI.
Die Heimkehr

Drei Monate lang habe ich mich glücklich gefühlt

In sich gekehrt, ernst und schweigend reiste Goethe nach Weimar zurück.

Während der Fahrt schrieb er Verse in seinen alten Kalender. Zu Hause warteten Familie und Freunde mit Spannung auf seinen Bericht. Aber Goethe, der nicht die Absicht hatte, Auskünfte zu erteilen, schlug allen ein Schnippchen. Wie Kanzler Friedrich von Müller berichtet, stieg er in Jena aus, um dort vom Eintreffen bis in die Nacht die Museen, Bibliotheken und die Sternwarte zu inspizieren. Anderntags begutachtete er mit der gleichen Intensität die Tierarzneischule, den botanischen Garten und die Sammlungen, so daß niemand dazu kam, die alle bewegenden Fragen zu stellen: Hatte es einen Heiratsantrag gegeben? Hatte die junge Dame ihn angenommen?

Doch Goethe blieb zurückhaltend und vermied jede Erklärung. Im Tagebuch vom 13. September 1823 heißt es zwar: *Unterhaltung mit meinem Sohn über die neuesten Ereignisse,* doch *die Ereignisse* betrafen nicht seine Herzensangelegenheit, da August am gleichen Tag der nervös auf Nachricht wartenden Ehefrau meldete: *Der bewußte* Name, *das Wort* Familie, *ist noch nicht genannt worden, und ich fange an zu hoffen, daß alles gut gehen und sich die ganze Geschichte wie ein Traumbild auflösen werde …*

Goethes Eindruck bei der Ankunft in Weimar am 17. September 1823: *Freundlicher Empfang,* scheint nicht für den Sohn zu gelten, denn Kanzler von Müller war empört über Augusts *rohe und lieblose Sinnesweise* und hatte auch von Ottilie anderes erwartet, als daß sie seit seiner Ankunft *beständig krank und für ihn so gut wie unsichtbar* sei.[35]

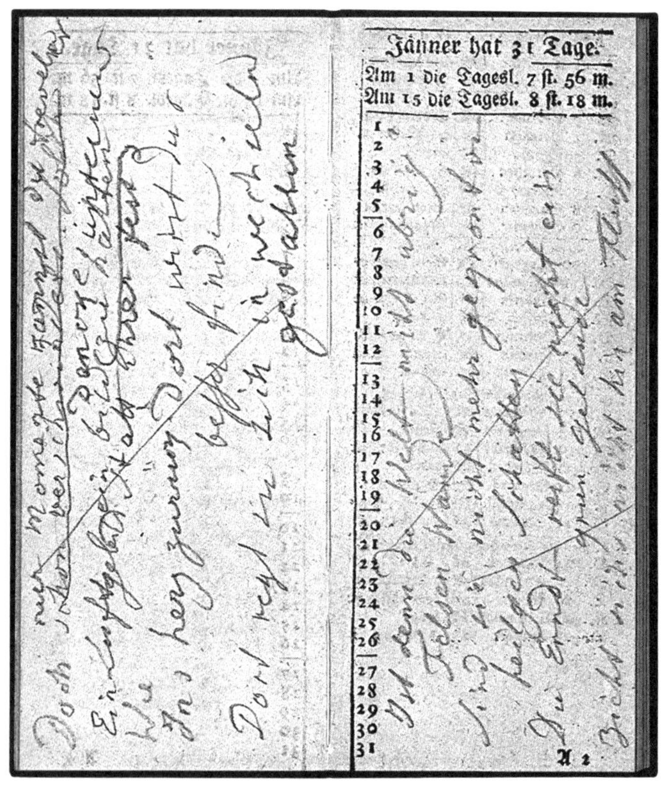

J. W. Goethe. Eigenhändige Niederschrift in den Kalender von 1822

August habe gedroht, mit Ottilie und den Kindern nach Berlin zu ziehen, sollte die Levetzow im Hause Einzug halten.[36] Es war inakzeptabel, eine Stiefmutter im Hause zu haben, die noch acht Jahre jünger war als die eigene Ehefrau. Diese, hieß es, leide an Krämpfen und habe sich in ihre Räume zurückgezogen. Für Goethe konnte der Kontrast zwischen den heiteren Wochen in Marienbad und der Stimmung in Weimar nicht größer sein. Über den frostigen Empfang im eigenen Haus war er sehr niedergeschlagen. Als hätte er geahnt, was sein Gemüt zu erwarten habe, stand in seiner »Elegie« die Zeile:

Und Mißmut, Reue, Vorwurf, Sorgenschwere
belasten's nun in schwüler Atmosphäre.

Ja, ich bin wohl und heiter heimgekehrt, sagte Goethe zum Kanzler, *drei Monate lang habe ich mich glücklich gefühlt, von einem Interesse zum andern, von einem Magnet zum andern gezogen, fast wie ein Ball hin und her geschaukelt, aber nun – ruht der Ball wieder in der Ecke, und ich muß mich den Winter durch in meine Dachshöhle vergraben und zusehn, wie ich mich durchflicke!*

Über seine inneren Gefühle schwieg er. Erst als man sich über die Hochzeit von Goethes Hausarzt Dr. Rehbein unterhielt, habe Goethe schlau die Gelegenheit benutzt – so Kanzler von Müller – um von sich selbst zu sprechen. *»Sie wissen«, sagte er, »wie ich alles Extemporisieren hasse, vollends eine Verlobung oder Heirat aus dem Stegreife war mir von jeher ein wahrer Greuel. Eine Liebe wohl kann im Nu entstehen, und jede echte Neigung muß irgendeinmal gleich dem Blitze plötzlich aufgeflammt sein, aber wer wird sich denn gleich heiraten, wenn man liebt? L i e b e ist etwas Ideelles, H e u r a t e n etwas Reelles, und nie verwechselt man ungestraft das Ideelle mit dem Reellen.«* (14. September 1823)

Die Familie sei nun in puncto Heiratsplan einigermaßen beruhigt, konnte der Kanzler daraufhin seiner Freundin Julie Gräfin Egloffstein versichern. Er selber vertrete die Meinung, Goethes Leidenschaft gelte nicht *exklusiv* der jungen Frau, *sondern sei das gesteigerte Bedürfnis seiner Seele nach Mitteilung und Mitgefühl.* Goethe hatte nämlich von Ulrike geschwiegen, dafür um so lebhafter von der polnischen Pianistin geschwärmt. *Er erzählte mir viel von Marienbad, besonders von der Gräfin Szymanowska, die so wunderschön Klavier spielt, und sagte von ihr: Sie sei so schön und liebenswürdig, daß man trotz ihrer zauberischen Töne froh sei, wenn sie aufhöre, um sie nur s p r e c h e n zu können, und wieder umgewandt wünsche, sie möge nur wieder spielen, weil ihr S p r e c h e n so sehr aufrege, daß man nur R u h e bei ihrem Spiele wieder zu finden hoffen könne.* (23./25. September 1823)

In dieser Zeit, in der Goethe halb unruhig, halb verzweifelt an Ulrike dachte, geschah etwas Überraschendes. Er fuhr am 18. Oktober hinaus nach Belvedere, um in der Orangerie einen Myrthenzweig zu pflücken, den er mit einem Lorbeerzweig zusammenband und einer fernen Freundin schickte – nicht an Ulrike, sondern an Marianne von Willemer. Dem Blatt lag ein mysteriöses Gedicht bei.

Myrt und Lorbeer hatten sich verbunden;
Mögen sie vielleicht getrennt erscheinen,
Wollen sie, gedenkend seliger Stunden
Hoffnungsvoll sich abermals vereinen.

Marianne wußte aus Marienbad nur das, was Goethe angedeutet hatte: es habe dort ein *Eilen und Begegnen, Irren und Finden* gegeben, er habe Vertraulichkeit und Neigung genossen, so *daß man sich eben ganz vergaß.* War schon diese erstaunliche Andeutung rätselhaft, so erst recht der überraschende Myrtenzweig, der schließlich nichts anderes als das Zeichen für Verlöbnis und Hochzeit war. Marianne mochte ahnen, daß das Liebeszeichen ihr nur ersatzweise zukam – gemeint war eine andere Frau, der Goethe aber gerade eine Myrte nicht schicken durfte.

Am 24. Oktober 1823 traf in Begleitung ihrer Schwester Kasimira Wolowska die Pianistin Maria Szymanowska in Weimar ein. Goethe war aufgewühlt und sprach im Brief an Zelter von seinem Zustand der leichten Erregbarkeit. Die Szymanowska hatte ihm auf seinem Flügel vorgespielt, gab ein Konzert im Schloß für die Erbgroßherzogin Maria Pawlowna und auf seinen Vorschlag hin auch ein für alle Interessierten öffentliches, stark besuchtes Konzert. Kanzler von Müller notierte: *Goethe gab eine große Abendgesellschaft jener interessanten polnischen Virtuosin, Mad. Marie Szymanowska zu Ehren, von der er uns schon so viel erzählt hatte … Auf sie hat er zu Karlsbad die unvergleichlichen Stanzen gedichtet, die er uns kürzlich vorgelesen und die seinen Dank aussprechen, daß ihr seelenvolles Klavierspiel seinem Gemüte zuerst wieder Beruhigung schaffte, als die Trennung von Levetzows ihm eine so tiefe Wunde schlug.* (24. Oktober 1823)
Goethe meldete Freund Knebel am 29. Oktober 1823: *Da bin ich nun wieder in den Strudel der Töne hingerissen, die mir, modern gereicht, nicht immer zusagen, mich aber doch diesmal durch soviel Gewandtheit und Schönheit gewinnen und festhalten, durch Vermittelung eines Wesens, das Genüsse, die man immer ahndet und immer entbehrt, zu verwirklichen geschaffen ist.*
Mit vielen Umarmungen nahm Goethe von der schönen Frau Abschied. Als sie sich noch ins Schloß zur Großherzogin begab, ließ er sie sogar noch einmal zurückrufen, weil er sich nicht losreißen konnte. Er überreichte ihr die Stanzen, die er für sie gedichtet hatte:

Die Leidenschaft bringt Leiden! – Wer beschwichtigt
Beklommnes Herz das allzu viel verloren?

Die drei Strophen wurden später zum Schlußteil seiner »Trilogie«.
Am Ende flossen Tränen. Zum Kanzler von Müller sagte Goethe: *Es gibt kein Vergangnes, das man zurücksehnen dürfte, es gibt nur ein ewig Neues, das sich aus den erweiterten Elementen des Vergangenen gestaltet, und die echte Sehnsucht muß stets produktiv sein, ein neues Beßres erschaffen. Man könne die liebenswürdige Erscheinung, die uns jetzt wieder verlassen will, als Beispiel nehmen: fange sie es auch an, wie sie wolle, mir zu entfliehen, ich halte sie immerdar fest in mir.* (4. November 1823)

Aus dem erträumten Wiedersehen wurde nichts mehr. Maria Szymanowska starb noch vor Goethe an der Cholera. Ihre Tochter heiratete den bedeutendsten polnischen Dichter der Romantik, Adam Mickiewicz, der Goethe ebenfalls besucht hat.

XII.
Die Marienbader Elegie

Sie trennen mich, und richten mich zugrunde

T*rilogie der Leidenschaft* nannte Goethe den Zyklus, den er 1827 erstmals erscheinen ließ.[37] Der Inhalt der drei großen Gedichte spannt einen Bogen über sein ganzes Leben. Das Eingangsgedicht »An Werther« erinnert an die Gestalt seines ersten Romans. Wie ein Nachklang der Erschütterung von Marienbad beschwört die Anrede »An Werther« Erlebnisse und Gestalten von damals wieder herauf. Fünfzig Jahre waren vergangen seit jener Zeit, da er so leidenschaftlich und unglücklich geliebt hatte wie jetzt.[38] »Aussöhnung« nannte Goethe das Schlußgedicht – Aussöhnung mit dem Schicksal. Geschrieben wurde es für Maria Szymanowska, der Goethe die Verse in französischer Version überreichte, als ihn ihr herrliches Spiel beglückt und beruhigt hatte, so *wie man eine geballte Faust freundlich flach läßt* – an Zelter –, so daß die tröstlichen Verse zu Recht den Abschluß bilden.

Das Zentrum der »Trilogie« ist die »Elegie [von Marienbad]«, entstanden nach der Trennung von Ulrike von Levetzow und noch erfüllt von ihrer Gegenwart. Er werde sie nie vergessen, heißt es darin, ihr Bild sei *mit Flammenschrift in's treue Herz geschrieben.* Was sie ihm tatsächlich bedeutet hat, was sie an ihm vermochte, sagen die zuerst entstandenen Zeilen:

Die Fähigkeit zu lieben, das Bedürfen
Von Gegenliebe waren fast verschwunden –

War Fähigkeit zu lieben, war Bedürfen
Von Gegenliebe weggelöscht, verschwunden;
Ist Hoffnungslust zu freudigen Entwürfen,
Entschlüssen, rascher That sogleich gefunden!
Wenn Liebe je den Liebenden begeistet
Ward es an mir auf's lieblichste geleistet;

Und zwar durch Sie! – Wie lag ein innres Bangen
Auf Geist und Körper, unwillkommner Schweere;
Von Schauerbildern rings der Blick umfangen
Im wüsten Raum beklommner Herzensleere;
Nun dämmert Hoffnung von bekannter Schwelle;
Sie selbst erscheint in milder Sonnenhelle.

Dem Frieden Gottes, welcher euch hienieden
Mehr als Vernunft beseliget – wir lesen's –
Vergleich ich wohl der Liebe heitern Frieden
In Gegenwart des allgeliebten Wesens;
Da ruht das Herz, und nichts vermag zu stören
Den tiefsten Sinn, den Sinn Ihr zu gehören.

Goethes eigenhändige Handschrift der Elegie (Auszug)

In unsers Busens Reine wogt ein Streben
Sich einem höhern, reinern, unbekannten,
Aus Danckbarkeit freywillig hinzugeben
Enträthselnd sich den ewig ungenannten;
Wir heißen's: fromm seyn! — Solcher seligen Höhe
Fühl ich mich theilhaft wenn ich vor Ihr stehe.

Vor Ihrem Blick, wie vor der Sonne Walten,
Vor Ihrem Athem, wie vor Frühlingslüften
Zerschmilzt, so längst sich eisig starr gehalten,
Der Selbstsinn tief in winterlichen Grüften;
Kein Eigennutz, kein Eigenwille dauert;
Vor Ihrem Kommen sind sie weggeschauert

Es ist als wenn Sie sagte: Stund um Stunde
Wird uns das Leben freundlich dargeboten;
Das Gestrige ließ uns geringe Kunde,
Das Morgende! Zu wissen ist's verboten;
Und wenn ich je mich vor dem Abend scheute,
Die Sonne sanck und sah noch was mich freute.

Die Urschrift der »Elegie« fand sich im »Großherz. Weimarischen Schreibkalender für das Jahr 1822«, in den Goethe seine Einfälle und Entwürfe während der Heimfahrt kritzelte. Der Kalender ist erst 1980 wieder aufgetaucht. Darin lassen die mit Bleistift eilig hingeworfenen Ideen den Entstehungsprozeß genau erkennen.[39] *Die Marienbader Elegie* klingt wie eine Lebensbilanz. Der Dichter nimmt Abschied von Jugend und Liebe, Paradies und Glück, denn *Scheiden ist der Tod.* Dem übersteigerten Jugendgefühl, das ihn in Marienbad ergriff, war dunkle Schwermut gefolgt. Kein Paradies stand mehr offen: *Die Pforte ist verschlossen.* Auch der Gedanke an *Pandora*, die beides bringen kann, Freude und Gefahr, wie er es einst bei Amalie von Levetzow lebhaft empfand, taucht hier wieder auf:, wenn er schreibt: S*ie prüften mich, verliehen mir Pandoren / So reich an Gütern, reicher an Gefahr.* So schließt sich ein Kreis.
Goethe hatte geliebt, aber Ulrike von Levetzow erwiderte seine Liebe nicht. Gedrängt hatte er sie nie. Nun sagen die Verse, wie glücklich er sich bei ihr fühlte – wie *im Paradies,* und daß der Abschied war, *als trieb ein Cherub flammend ihn von hinnen.* Da er aber im Gedicht ausspricht, wie groß sein Verlangen war, wird zugleich auch deutlich, wie sehr er in Ulrikes Nähe gelitten hat.[40] Goethe stellte der Elegie jene Zeilen aus dem »Tasso« voran, die fünfunddreißig Jahre zuvor auf der Heimfahrt von Italien entstanden waren:

> *Und wenn der Mensch in seiner Qual verstummt,*
> *Gab mir ein Gott zu sagen, was ich leide.*

Eckermann berichtet, wie Goethe ihm *die Elegie* zum erstenmal zeigte. *Stadelmann brachte zwei Wachslichter, die er auf Goethes Arbeitstisch stellte. Goethe ersuchte mich, vor den Lichtern Platz zu nehmen, er wolle mir etwas zu lesen geben. Und was legte er mir vor? Sein neuestes, liebstes Gedicht, seine* Elegie von Marienbad. *Er hatte die Verse eigenhändig mit lateinischen Lettern auf starkes Velinpapier geschrieben und mit einer seidenen Schnur in einer Dekke von rotem Maroquin befestigt, und es trug also schon im Äußern, daß er dieses Manuskript vor allen seinen übrigen besonders wert halte … Als ich ausgelesen, trat Goethe wieder zu mir heran. »Gelt!« Sagte er, »da habe ich Euch etwas Gutes gezeigt …«*

An Werther

Noch einmal wagst du, vielbeweinter Schatten,
Hervor dich an das Tageslicht,
Begegnest mir auf neu beblümten Matten
Und meinen Anblick scheust du nicht.
Es ist als ob du lebtest in der Frühe,
Wo uns der Tau auf Einem Feld erquickt,
Und nach des Tages unwillkommner Mühe
Der Scheidesonne letzter Strahl entzückt;
Zum Bleiben ich, zum Scheiden du, erkoren,
Gingst du voran – und hast nicht viel verloren.

Des Menschen Leben scheint ein herrlich Los:
Der Tag, wie lieblich, so die Nacht, wie groß!
Und wir gepflanzt in Paradieses Wonne,
Genießen kaum der hocherlauchten Sonne,
Da kämpft sogleich verworrene Bestrebung
Bald mit uns selbst und bald mit der Umgebung;
Keins wird vom andern wünschenswert ergänzt,
Von außen düstert's, wenn es innen glänzt,
Ein glänzend Äußres deckt mein trüber Blick,
Da steht es nah – und man verkennt das Glück.

Nun glauben wir's zu kennen! Mit Gewalt
Ergreift uns Liebreiz weiblicher Gestalt:
Der Jüngling, froh wie in der Kindheit Flor
Im Frühling tritt als Frühling selbst hervor,
Entzückt, erstaunt, wer dies ihm angetan?
Er schaut umher, die Welt gehört ihm an.
In's Weite zieht ihn unbefangene Hast,
Nichts engt ihn ein, nicht Mauer, nicht Palast;
Wie Vögelschar an Wäldergipfeln streift,
So schwebt auch er, der um die Liebste schweift,
Er sucht vom Äther, den er gern verläßt,
Den treuen Blick und dieser hält ihn fest.

Doch erst zu früh und dann zu spat gewarnt,
Fühlt er den Flug gehemmt, fühlt sich umgarnt,
Das Wiedersehn ist froh, das Scheiden schwer,
Das Wieder-Wiedersehn beglückt noch mehr
Und Jahre sind im Augenblick ersetzt;
Doch tückisch harrt das Lebewohl zuletzt.

Du lächelst, Freund, gefühlvoll wie sich ziemt:
Ein gräßlich Scheiden machte dich berühmt;
Wir feierten dein kläglich Mißgeschick,
Du ließest uns zu Wohl und Weh zurück;
Dann zog uns wieder ungewisse Bahn
Der Leidenschaften labyrinthisch an;
Und wir verschlungen wiederholter Not,
Dem Scheiden endlich – Scheiden ist der Tod!
Wie klingt es rührend wenn der Dichter singt,
Den Tod zu meiden, den das Scheiden bringt!
Verstrickt in solche Qualen halbverschuldet
Geb' ihm ein Gott zu sagen was er duldet.

Elegie

Und wenn der Mensch in seiner Qual verstummt,
Gab mir ein Gott zu sagen was ich leide.

Was soll ich nun vom Wiedersehen hoffen,
Von dieses Tages noch geschloss'ner Blüte?
Das Paradies, die Hölle steht dir offen;
Wie wankelsinnig regt sich's im Gemüte! –
Kein Zweifeln mehr! Sie tritt an's Himmelstor,
Zu ihren Armen hebt sie dich empor.

–

So warst du denn im Paradies empfangen
Als wärst du wert des ewig schönen Lebens;
Dir blieb kein Wunsch, kein Hoffen, kein Verlangen,
Hier war das Ziel des innigsten Bestrebens,
Und in dem Anschaun dieses einzig Schönen
Versiegte gleich der Quell sehnsüchtiger Tränen.

Wie regte nicht der Tag die raschen Flügel,
Schien die Minuten vor sich her zu treiben!
Der Abendkuß, ein treu verbindlich Siegel:
So wird es auch der nächsten Sonne bleiben.
Die Stunden glichen sich in zartem Wandern
Wie Schwestern zwar, doch keine ganz den andern.

Der Kuß der letzte, grausam süß, zerschneidend
Ein herrliches Geflecht verschlungner Minnen.
Nun eilt, nun stockt der Fuß die Schwelle meidend,
Als trieb ein Cherub flammend ihn von hinnen;
Das Auge starrt auf düstrem Pfad verdrossen,
Es blickt zurück, die Pforte steht verschlossen.

Und nun verschlossen in sich selbst, als hätte
Dies Herz sich nie geöffnet, selige Stunden
Mit jedem Stern des Himmels um die Wette
An ihrer Seite leuchtend nicht empfunden;
Und Mißmut, Reue, Vorwurf, Sorgenschwere
Belasten's nun in schwüler Atmosphäre.

Ist denn die Welt nicht übrig? Felsenwände
Sind sie nicht mehr gekrönt von heiligen Schatten?
Die Ernte reift sie nicht? Ein grün Gelände
Zieht sich's nicht hin am Fluß durch Busch und Matten?
Und wölbt sich nicht das überweltlich Große
Gestaltenreiche, bald gestaltenlose?

Wie leicht und zierlich, klar und zart gewoben,
Schwebt, Seraph gleich, aus ernster Wolken Chor,
Als glich es ihr, am blauen Äther droben,
Ein schlank Gebild aus lichtem Duft empor:
So sahst du sie in frohem Tanze walten
Die Lieblichste der lieblichen Gestalten.

Doch nur Momente darfst dich unterwinden
Ein Luftgebild statt ihrer fest zu halten;
In's Herz zurück, dort wirst du's besser finden,
Dort regt sie sich in wechselnden Gestalten;
Zu Vielen bildet Eine sich hinüber,
So tausendfach, und immer immer lieber.

Wie zum Empfang sie an den Pforten weilte
Und mich von dannauf stufenweis beglückte;
Selbst nach dem letzten Kuß mich noch ereilte,
Den letztesten mir auf die Lippen drückte:

So klar beweglich bleibt das Bild der Lieben,
Mit Flammenschrift, in's treue Herz geschrieben

In's Herz, das fest wie zinnenhohe Mauer
Sich ihr bewahrt und sie in sich bewahret,
Für sie sich freut an seiner eignen Dauer,
Nur weiß von sich, wenn sie sich offenbaret,
Sich freier fühlt in so geliebten Schranken
Und nur noch schlägt, für alles ihr zu danken.

War Fähigkeit zu lieben, war Bedürfen
Von Gegenliebe weggelöscht, verschwunden;
Ist Hoffnungslust zu freudigen Entwürfen,
Entschlüssen, rascher Tat sogleich gefunden!
Wenn Liebe je den Liebenden begeistet,
War es an mir auf's lieblichste geleistet;

Und zwar durch sie! – Wie lag ein innres Bangen
Auf Geist und Körper, unwillkommner Schwere:
Von Schauerbildern rings der Blick umfangen
Im wüsten Raum beklommner Herzensleere;
Nun dämmert Hoffnung von bekannter Schwelle,
Sie selbst erscheint in milder Sonnenhelle.

Dem Frieden Gottes, welcher euch hienieden
Mehr als Vernunft beseliget – wir lesen's –
Vergleich' ich wohl der Liebe heitern Frieden
In Gegenwart des allgeliebten Wesens;
Da ruht das Herz und nichts vermag zu stören
Den tiefsten Sinn, den Sinn ihr zu gehören.

In unsers Busens Reine wogt ein Streben,
Sich einem höhern, reinern, unbekannten,
Aus Dankbarkeit freiwillig hinzugeben,
Enträtselnd sich den ewig Ungenannten;
Wir heißen's: fromm sein! – Solcher seligen Höhe
Fühl' ich mich teilhaft, wenn ich vor ihr stehe.

Vor ihrem Blick, wie vor der Sonne Walten,
Vor ihrem Atem, wie vor Frühlingslüften,
Zerschmilzt, so längst sich eisig starr gehalten
Der Selbstsinn tief in winterlichen Grüften;
Kein Eigennutz, kein Eigenwille dauert,
Vor ihrem Kommen sind sie weggeschauert.

Es ist als wenn sie sagte: »Stund um Stunde
Wird uns das Leben freundlich dargeboten,
Das Gestrige ließ uns geringe Kunde,
Das Morgende, zu wissen ist's verboten;
Und wenn ich je mich vor dem Abend scheute,
Die Sonne sank und sah noch was mich freute.

Drum tu' wie ich und schaue, froh verständig,
Dem Augenblick in's Auge! Kein Verschieben!
Begegn' ihm schnell, wohlwollend wie lebendig,
Im Handeln sei's, zur Freude, sei's dem Lieben;
Nur wo du bist sei alles, immer kindlich,
So bist du alles, bist unüberwindlich.«

Du hast gut reden, dacht' ich, zum Geleite
Gab dir ein Gott die Gunst des Augenblickes,
Und jeder fühlt an deiner holden Seite
Sich Augenblicks den Günstling des Geschickes;

Mich schreckt der Wink von dir mich zu entfernen,
Was hilft es mir so hohe Weisheit lernen!

Nun bin ich fern! Der jetzigen Minute
Was ziemt denn der? Ich wüßt' es nicht zu sagen;
Sie bietet mir zum Schönen manches Gute,
Das lastet nur, ich muß mich ihm entschlagen;
Mich treibt umher ein unbezwinglich Sehnen,
Da bleibt kein Rat als grenzenlose Tränen.

So quellt denn fort! Und fließet unaufhaltsam;
Doch nie geläng's die innre Glut zu dämpfen!
Schon rast's und reißt in meiner Brust gewaltsam,
Wo Tod und Leben grausend sich bekämpfen.
Wohl Kräuter gäb's, des Körpers Qual zu stillen;
Allein dem Geist fehlt's am Entschluß und Willen,

Fehlt's am Begriff: wie sollt' er sie vermissen?
Er wiederholt ihr Bild zu tausendmalen.
Das zaudert bald, bald wird es weggerissen,
Undeutlich jetzt und jetzt im reinsten Strahlen;
Wie könnte dies geringstem Troste frommen,
Die Ebb' und Flut, das Gehen wie das Kommen?

–

Verlaßt mich hier, getreue Weggenossen!
Laßt mich allein am Fels, in Moor und Moos;
Nur immer zu! Euch ist die Welt erschlossen,
Die Erde weit, der Himmel hehr und groß;
Betrachtet, forscht, die Einzelheiten sammelt,
Naturgeheimnis werde nachgestammelt.

Mir ist das All, ich bin mir selbst verloren,
Der ich noch erst den Göttern Liebling war;
Sie prüften mich, verliehen mir Pandoren,
So reich an Gütern, reicher an Gefahr;
Sie drängten mich zum gabeseligen Munde,
Sie trennen mich und richten mich zugrunde.

Aussöhnung

Die Leidenschaft bringt Leiden! – Wer beschwichtigt
Beklommnes Herz das allzu viel verloren?
Wo sind die Stunden, überschnell verflüchtigt?
Vergebens war das Schönste dir erkoren!
Trüb' ist der Geist, verworren das Beginnen;
Die hehre Welt wie schwindet sie den Sinnen!

Da schwebt hervor Musik mit Engelschwingen,
Verflicht zu Millionen Tön' um Töne,
Des Menschen Wesen durch und durch zu dringen,
Zu überfüllen ihn mit ew'ger Schöne:
Das Auge netzt sich, fühlt im höhern Sehnen
Den Götter-Wert der Töne wie der Tränen.

Und so da Herz erleichtert merkt behende
Daß es noch lebt und schlägt und möchte schlagen,
Zum reinsten Dank der überreichen Spende
Sich selbst erwiedernd willig darzutragen.
Da fühlte sich – o daß es ewig bliebe! –
Das Doppel-Glück der Töne wie der Liebe.

XIII.
Krankheit des Herzens

Es kann mir nichts helfen, verloren bleibt verloren

Anfang November 1823 erkrankte Goethe schwer. Seine Herzschmerzen und die Atemnot waren körperlicher wie seelischer Natur. *Schon rast's und reißt in meiner Brust gewaltsam, / Wo Tod und Leben grausend sich bekämpfen,* hatte er in der »Elegie« geschrieben. Der seelische Tiefpunkt wurde zur schweren Krankheit.

Es sei die Gehässigkeit seiner Familie, die ihm das Leben verbittere, sagte Frau von Schiller zu Caroline von Humboldt. Und Eckermann befand: *Sein Übel scheint nicht bloß physischer Art zu sein. Es scheint vielmehr, daß die leidenschaftliche Neigung, die er diesen Sommer in Marienbad zu einer jungen Dame gefaßt und die er jetzt zu bekämpfen sucht, als Hauptursache seiner jetzigen Krankheit zu betrachten ist.* (17. November 1823)

Dem Kanzler von Müller hatte Goethe deprimiert gesagt: *Es kann mir nichts helfen, verloren bleibt verloren, alle Einbildung kann mir die glücklichere Vergangenheit nicht wiedergeben.* Er litt unter starkem krampfhaften Husten, hatte geschwollene Füße und konnte überhaupt nur im Sessel sitzend atmen. Die Ärzte hielten es für Brustwassersucht und erwarteten seinen Tod.[41]

Wilhelm von Humboldt besuchte den Weimarer Freund vom 12. bis 23. November und berichtete seiner Frau: *Heute gab er mir ein gebundenes Gedicht, eine Elegie. Ich sah schon, daß sie sehr zierlich und sorgfältig äußerlich in Band und Papier behandelt war. Sie war ganz von seiner Hand geschrieben, er sagte mir, es sei die einzige Abschrift, die davon existiere, er habe sie noch niemandem, ohne Ausnahme, gezeigt und werde sie noch lange nicht, vielleicht nie drucken lassen … Er sagte das alles in einem bewegteren und sich mehr er-*

schließenden Ton, als ihm sonst eigen war. So fing ich an zu lesen, und ich kann mit Wahrheit sagen, daß ich nicht bloß von dieser Dichtung entzückt, sondern so erstaunt war, daß ich es kaum beschreiben kann. Es erreicht nicht bloß dies Gedicht das Schönste, was er je gemacht hat, sondern übertrifft es vielleicht, weil es die Frische der Phantasie, wie er sie nur je hatte, mit der künstlerischen Vollendung verbindet, die doch nur langer Erfahrung eigen ist. Nach zweimaligem Lesen fragte ich ihn, wann er es gemacht habe. Und als er mir sagte: »Vor nicht gar langer Zeit«, war es mir klar, daß es die Frucht seines Marienbader Umganges war. Die Elegie behandelt nichts als die alltäglichen und tausendmal besungenen Gefühle der Nähe der Geliebten und des Schmerzes des Scheidens, aber in einer so auf Goethe passenden Eigentümlichkeit, in einer so hohen, so zarten, so wahrhaft ätherischen und wieder so leidenschaftlich rührenden Weise, daß man schwer dafür Worte findet..
Es ist mir sehr klar geworden, fügte Humboldt hinzu, *daß Goethe noch sehr mit den Marienbader Bildern beschäftigt ist …* (19. November 1823)[42]
Am Tag nach Humboldts Abreise kam Zelter nach Weimar. Der Duzfreund, dem Goethe zuvor schon geklagt hatte, er müsse durch *einen klang- und formlosen Winter kommen*, vor dem ihm graue, kam und blieb drei Wochen in Weimar. Humorvoll beschreibt Zelter, wie er bei Goethe eintraf. *Mein Geschäft in Erfurt war in zwei halben Tagen abgemacht. Nun wasche ich mich, putz mich, freue mich, nehme Extrapost, komme nach Weimar, fahre vor. Ich bleibe eine Minute im Wagen. Niemand kommt mir entgegen. … Ich frage – keine Antwort. Ich stehe noch an der Haustür, soll man etwa wieder gehen? wohnt hier der Tod? Wo ist der Herr? – Trübe Augen. Wo ist Ottilie? – Nach Dessau … Der Kammerrat kommt: Vater ist – nicht wohl; krank, recht krank. – Er ist tot! – nein, nicht tot, aber sehr krank. – Ich trete näher … Die Bequemen Stufen scheinen sich zurückzuziehen … Was finde ich? Einen, der*

aussieht, als hätte er Liebe, die ganze Liebe mit aller Qual der Jugend im Leibe! Nun, wenn es die ist, er soll davonkommen!

Zweimal schon hatte Zelter den Freund krank erlebt. Er blieb drei Wochen lang. Auch jetzt wich er nicht von seiner Seite, unterhielt den Genesenden und las ihm immer wieder seine »Elegie« vor, was dem Dichter sichtlich wohl tat.

Nach Zelters Abreise fuhr Goethes Schwiegertochter Ende Dezember 1823 nach Berlin, und bald erfuhr man, daß ihr Geliebter Charles Stirling ihr heimlich nachgereist war. Ein größerer Gegensatz als der zwischen der Glücksucherin Ottilie und der harmonischen Ulrike war kaum denkbar. Goethe schrieb entsprechend an den Kanzler von Müller, Ottilies Treiben sei hohl und leer, wahre Leidenschaft sei ihr fremd, sie habe *nur eine Wut, aufgeregt zu sein.*[43]

Daß Goethe immer noch auf gute Nachrichten aus Marienbad hoffte, besagt sein Brief an Amalie von Levetzow, den er ihr in der Sylvesternacht 1823 schrieb, ein ungeduldiger, leidenschaftlicher Brief. Sie solle sich mit Ulrike besprechen, drängte er. *Möge sich dem Erfüllen und Gelingen nichts! nichts! entgegen setzen! Sagen Sie Sich unter einander alles in traulicher Stunde … Wo und Wie? haben meine Gedanken Sie aufzusuchen? … mit Sehnsucht hoffend und erwartend. Treu anhänglich G.*

Das Gerücht, Fräulein von Levetzow werde nach Weimar kommen, verstummte nicht und war selbst in entfernten Gegenden im Umlauf. Bettine von Arnim schrieb aus Berlin an ihren Mann: *Von Goethe heißt es hier allgemein, daß er die Fräulein Levetzow heuraten wolle, daß ihre Mutter damit einverstanden sei, das junge 18jährige Mädchen sträubt sich.*[44]

Der Übersetzer Johann Diederich Gries meldete aus Jena: *In Weimar geht man so weit zu behaupten, er werde sie heiraten; aber das wäre doch gar zu toll. Soviel scheint indessen gewiß, daß das Mädchen mit ihrer Mutter den Winter in Weimar zubringen wird.*

Charlotte von Schiller sagte zu ihrem Sohn Ernst*: Ich hoffe, daß Goethe in seinem Alter von 74 Jahren nicht so unweise handelt.*

Auch zu Wilhelm Grimm in Kassel war der Skandal gedrungen. *Es scheint, als ob er sich wirklich nach der Krankheit wieder verjüngt habe. Ob es aber nicht ein zu jugendlicher Sinn ist, wenn er ein ganz blutjunges Fräulein heiraten will, wie ich gestern habe erzählen hören …*

Ulrike um sich zu haben, war nach wie vor Goethes sehnlichster Wunsch. Er läßt die Mutter noch einmal wissen, daß er sich nach ihrer Tochter sehnt und wie gern er ihr nah sein möchte. *Indessen bleibt der zierliche Becher der Vertraute meiner Gedanken, die süßen Namenszüge nähern sich meinen Lippen, und der 28te August, wenn es nicht soweit hin wäre, sollte mir die erfreulichste Aussicht geben.* (13. April 1824)

Auch im Haus am Frauenplan war unter der Hand von Ulrike die Rede, das bestätigt Schillers Schwägerin Caroline von Wolzogen. Sie schreibt an Caroline von Humboldt: … *Zuletzt war er nahe daran, daß sein Herzensverhältnis zur Sprache kam. Wenn ich hier bliebe, könnte ich alles tun, um ihm die Nähe seiner Liebe zu gewähren; ich bin überzeugt, daß noch viel Herrliches entstünde. Das Mädchen soll sehr gut und von den schönsten Anlagen sein …* (26. Juni 1824)

Im Oktober 1824 kam es zu einem merkwürdigen Vorfall. Frau von Levetzow und ihre Töchter machten auf der Fahrt nach Dresden in Weimar Rast und erblickten an der Poststation Goethe – aber sie machten sich nicht bemerkbar. Goethe war, als er es erfuhr, tief enttäuscht. *Es trifft zu, ich bin jenes Tages an der Post vorbeigefahren,* schrieb er an Amalie, warum habe man ihn nicht begrüßt? Wollte Ulrike ihm nicht begegnen? *Und so möcht' ich wohl Ulriken, das sanfte ruhige Kind, auf ihr Gewissen fragen: ob Ihr nicht irgend etwas zu meinem Vorteil aufgegangen sei? Ganz gewiß war hie und da in dem einzelnen Herzen etwas das mich lossprach wenn der ganze Kreis mich verdammte …* (18. Oktober 1824)

Noch im Sommer 1825 glaubte Goethe an ein Wiedersehn, so daß er vorsorglich schon um die hübsche Kleidung bat, die ihm an Ulrike so gut gefallen hatte. *Nun aber wünsche höflich, Sie mögen meiner fleißig gedenken, daß wenn ich ankäme, alles wäre wie gestern in Karlsbad auf der Wiese; wobei ich denn hoffe, daß die gegitterten schottischen Anzüge wieder gesehen werden und was sonst noch Bekanntes und Liebliches an Elbogen, Engelhaus, Aich und den Hammer erinnern könnte …* (17. Juni 1825)

Es haben sich insgesamt sechzehn Briefe von Goethe an Frau von Levetzow und drei Briefe an Ulrike erhalten; alle übrigen hat er vernichtet. Er hat sogar in seinem Tagebuch die Namen unterdrückt, »Familie« oder »Berta« eingesetzt, nur um sich nicht zu verraten.

In Gedanken spaziere [ich] gar oft mit unsrer lieben, geliebten Ältesten auf der Terrasse hin und wider, schrieb er im November 1825 und betonte seine treue Anhänglichkeit. Ulrike erhielt 1826 eine Medaille mit seinem Porträt. Als sie ihm 1827 zum Geburtstag mit einem Brief gratulierte, in dem sie sich wieder sein »Töchterchen« nannte, antwortete er: *wie glücklich waren die Stunden die ich an ihren holden Fingern abzählen durfte,* und schrieb ihrer Mutter: *Die Anmut jener Zustände war von der Art daß sie uns immer gegenwärtig bleiben müssen.*

An seinem letzten Geburtstag wollte der nun Zweiundachtzigjährige Ulrike wenigstens in der Vorstellung nahe sein. Er nahm das Glas mit ihrem Namen sogar nach Ilmenau mit. »*Heute, verehrte Freundin,* schreibt er an Amalie von Levetzow, *stelle ich jenes Glas vor mich, das auf so manche Jahre zurückdeutet und mir die schönsten Stunden vergegenwärtigt.*

XIV.
Die weitere Geschichte der Ulrike von Levetzow

Keine Liebschaft war es nicht

Ulrike von Levetzow zog mit der Mutter und den Schwestern zunächst nach Wien, wo Graf Klebelsberg als Regierungspräsident ein stattliches Palais bewohnte. Amalie und ihre Töchter genossen ein abwechslungsreiches und interessantes Leben. Der kultivierte und gebildete Graf versammelte bedeutende Persönlichkeiten Wiens um sich. Dabei lernte Ulrike auch den Dichter Franz Grillparzer kennen, der in Wien mit Goethes Schwiegertochter befreundet war und zum Tod der sechzehnjährigen Alma, Goethes einziger Enkelin, ein ergreifendes Trauergedicht schrieb.

Ulrike erwies sich in Gesellschaft als gewandte Gesprächspartnerin, die sich gut unterhielt, gern tanzte und viele Verehrer um sich scharte. Im Tagebuch der Bertha von Levetzow fanden sich Notizen aus dem Jahr 1838, das die Familie in Prag verlebte. Die Schwestern besuchten dort allein während der Karnevalszeit in den Häusern des Fürsten Rohan, beim Grafen von Nostitz und beim Fürsten Auersperg dreizehn Feste und Bälle.

Ulrike, heißt es, habe vierzehn Heiratsanträge erhalten, die sie sämtlich ausgeschlagen habe. Immer blieb sie mädchenhaft zurückhaltend und war letztlich unerreichbar – oder, wie Goethe in der »Elegie« von ihr sagte: *unüberwindlich.* Unter den Liebesbriefen haben sich auch drei Briefe von Baron Gustav Adolf Leopold von Rauch erhalten, der Ulrike seit ihrem dreizehnten Lebensjahr kannte und sie im Herbst 1824, ein Jahr nach der

Ulrike von Levetzow. Aus: Hedda Sauer

letzten Goethe-Begegnung, als schöne, *blühende Jungfrau* wiedersah. Er schreibt, sie sei groß geworden – *sogar größer als Ihre Mutter,* und ihre Geschenke – ein gestickter Beutel, eine Tabaksdose – bereiteten ihm eine *unaussprechliche Freude.*
Es gefiel ihm offenbar, daß Ulrike *von Natur sanft, nachgiebig, freundlich und gefällig* war, wie er schrieb, Eigenschaften, die auch Goethe an ihr geschätzt hatte. Er werde sie nie im Leben vergessen, beteuerte der junge Offizier aus Potsdam, und noch der fast Vierzigjährige erklärte, er habe ihren Küssen, die er beim Pfänderspiel gewann, *einen der glücklichsten Augenblicke meines Lebens zu danken.*[45]

Das Herrenhaus von Gut Trziblitz (Böhmen). Photographie, um 1900

Aber Ulrike lehnte eine Ehe ab. Wie Leopold von Rauch in seinen Briefen bemerkt, hing sie in großer Liebe an ihrer Mutter – das mag mit ein Grund für ihre Weigerung gewesen sein, sich zu verheiraten. Wie ein heute im Privatbesitz befindliches Tagebuch erweist, war ihre Ablehnung ein schwerer Schlag für ihn. Doch Leopold von Rauch wurde ihr Schwager – er nahm ihre Schwester Amélie zur Frau. Bertha, die Jüngste, heiratete den ungarischen Baron Mladota von Solopisk und zog mit ihm auf sein eine Stunde von Trziblitz entferntes Schloß Netluk in Böhmen.

Ulrikes Schwestern war jedoch kein Glück beschieden. Amélie von Rauch starb bereits 1831, also noch zu Goethes Lebzeiten, mit 26 Jahren. Ulrike nahm ihren dreijährigen Sohn Franz zu sich und zog das Kind wie eine Ersatzmutter auf. Bertha wurde früh Witwe, trug immer Trauer und zog 1855 ganz zu Ulrike nach Schloß Trziblitz. Den Besitz Netluk bewohnte später der Neffe Franz von Rauch.

Graf Klebelsberg, der zuletzt österreichischer Finanzminister geworden war, konnte 1843, nach dem Tod ihres ersten Ehemannes, Amalie von Levetzow endlich heiraten und mit ihr und Ulrike ganz nach Trziblitz ziehen.

Ulrike liebte Trziblitz. Das Schloß befand sich in einer idyllischen Landschaft am Fuß des böhmischen Mittelgebirges nahe der Stadt Lobositz. Zum Gutsbesitz gehörten Stallgebäude, Getreideäcker, Obstbäume und Weinstöcke, der weite Park mit dem Rosengarten, einem Schwanenteich und einer Fasanenzucht. Der alte, hellgelbe Renaissancebau, der mit seinem hohem Ziegeldach im Schatten mächtiger Eschen, Silberpappeln und Kastanien lag, wurde samt dem großen Besitz des Stiefvaters Klebelsberg für Ulrike von Levetzow zur eigentlichen Heimat.

Die Räume des Schlosses waren von Klebelsberg elegant mit italienischen Gemälden, Kupferstichen und Skulpturen eingerichtet worden. Im Erdgeschoß befanden sich die Bibliothek, das Billard- und das Speisezimmer sowie das Erkerzimmer mit dem Klebelsbergschen Wappen in Glasmalerei an den Fenstern. Bis zuletzt existierte auch Ulrikes Mädchenzimmer, mit lindgrünen Tapeten und weißen Möbeln, mit ihren Büchern und Bildern. Vom hohen Gartensaal trat man durch Spiegeltüren ins Freie, von wo man, auf der Gartenbank sitzend, in den Rosengarten blicken konnte.

An der Wand des Arbeitszimmers, in dem Ulrikes Schreibtisch stand, hing Goethes Porträt nach Stieler, von einem Efeukranz umwunden. Hier bewahrte sie im grünen Futteral die drei Pokale auf, die Goethe anläßlich seines Geburtstags im August 1823 den Schwestern Ulrike, Amélie und Bertha von Levetzow gewidmet hatte, hier stand die Porzellantasse mit seinem Bildnis, die er Bertha zur Vermählung mit Leopold von Rauch am 22. März 1828 schickte, hier bewahrte sie im Herbarium auch die

Der 79jährige Goethe. Ölgemälde von Johann Caspar Stieler. 1828. Eine Kopie hing bei Ulrike von Levetzow.

getrockneten Vergißmeinnicht auf, die er ihr einmal pflückte.[46] Dreizehn Dienstboten standen Ulrike zur Verfügung: die Zofe Marie und der Kammerdiener Josef Konrad, die Beschließerin, der Kutscher Pleß, der sechzig Jahre im Dienst der Familie stand, die Haushälterin Resi, die fünfundvierzig Jahre bei ihr lebte, Kammerjungfer Nanette Schuster, der Sekretär, dem sie ihre Briefe diktierte, nachdem sie sich die Hand gebrochen hatte, der Förster, der Gutsverwalter und weitere Gehilfen.

Diejenigen, die die Freifrau von Levetzow persönlich erlebten, sprachen von einer hochgewachsenen, erstaunlich ungebeugten

Erscheinung und bewunderten ihre Energie und Willenskraft. Von ihrer Tätigkeit zeugen die Notizen und Protokolle des Verwalters, der sich in allen Angelegenheiten der Landwirtschaft, Getreideernte, Düngung, Witterung, Roggenpreise, Ein- und Verkäufe, Baumpflege und Pferdezucht mit ihr besprach.

Das Reiten gehörte zu Ulrikes Leben, seit sie als Mädchen vom Großvater Brösigke Reitunterricht erhalten hatte. Ihre Leidenschaft waren Parforce-Jagden zu Pferde. Außerdem liebte sie ihre Hunde, Tauben und Schwäne. Im Alter traf man sie gewöhnlich mit einer doppelten goldenen Uhrkette und einem Perlenkreuz um den Hals, die Biedermeierlocken wohl frisiert, nach der Mode mit Krinoline gekleidet, am Gürtel den Fächer und zuletzt das Hörrohr.

Zur Ehrenstiftsdame des Klosters zum Heiligen Grabe ernannt, wurde sie zur »Patronin« des Ortes. Der Kirche, die zu ihrem Patronat gehörte, stiftete sie ein Marien- und ein Heiligenbild; ihre Loge befand sich gegenüber der Kanzel. Mit ihrer Schwester Bertha gründete sie im Dorf eine Spinnschule, an der junge Mädchen in sämtlichen Handarbeiten unterrichtet wurden. Sie sammelte Kupferstiche, wie Goethe sie ihr einst gezeigt hatte, und legte eine Schmucksammlung aus böhmischen Granatsteinen an, deren Fundort in ihrem Park entdeckt worden und die später in ihrem Sterbezimmer zu sehen waren.[47]

Zuletzt hat sie sich über den Bau der Eisenbahntrasse geärgert, weil sie direkt über ihr Grundstück führte. Der Freundin Malwine von Höfler schrieb sie 1896: … *ein Stück vom großen Garten und all die hübschen Wege, welche über die ›Zwetschkenwiese‹ zum Fasanengarten führten, sind verloren.*[48]

Nach Trziblitz kam häufig Besuch. Eine enge Freundschaft pflegte die Schloßherrin mit dem Gelehrten und Übersetzer klassischer Literatur, Johann Heinrich Schubart, der 1885 als Bibliothekar in Kassel starb. Eng befreundet war sie auch mit dem

aus den Freiheitskriegen berühmten General Tettenborn, den sie in Wien kennengelernt hatte, und dem Grafen Erwin von Nostitz. Der intensivste Umgang aber war der mit den zahlreichen Nichten und Neffen – allen voran der geliebte Franz von Rauch – und mit ihren drei Stiefgeschwistern Carl, Theodos und Helene von Levetzow, den Kindern ihres Vaters aus seiner zweiten Ehe. Besonders zu ihrem Stiefbruder Theodos unterhielt sie ein herzliches Verhältnis. Mit ihm, der auf Groß-Markow in Mecklenburg lebte und wenige Monate vor ihr starb, korrespondierte sie bis zu seinem Tod.
Rund 500 Briefe an den Stiefbruder sind erhalten, Briefe, die eine große Herzensgüte und Zärtlichkeit bezeugen. *Mein liebes Herz,* mit dieser Anrede erörterte sie über viele Jahre mit Theodos, der oft nach Trziblitz kam, alle Vorkommnisse, ob sie die Hagelschäden betrafen, die Obst und Getreide vernichteten, ob die Hochzeiten ihrer Nichten und Neffen, die Anwerbung ungarischer Saisonarbeiter oder den Ankauf eines jungen Pferdes. Die länglich-schmalen Briefumschläge sind durchweg mit einem goldenen *U* auf hellblauem Grund gesiegelt.[49]
Schloß Trziblitz war das Reich, in dem Ulrike von Levetzow als Gutsherrin ihre Lebensaufgabe fand. Hier hatte sie Erfolg, war sie ordnend und wohltuend tätig für die ganze Umgebung. Sie hatte so viel zu tun, daß sie sich manchmal bei ihrem Stiefbruder für ihre kurzen Briefe entschuldigt: *Es gibt wirklich Zeiten, geliebtes Herz, wo ich vor lauter Geschäften zur Muße nicht Zeit habe.* (1. Juli 1896)
Im Jahr 1899 hatte Ulrike von Levetzow zu ihrem 95. und Goethes 150. Geburtstag Post und Geschenke aus aller Welt erhalten; selbst der König von England hatte ihr geschrieben. *Hast du auch den dummen Zeitungsartikel gelesen, wo mein Geburtstag mit solchem Glanz gefeiert wurde, was ja alles nicht wahr ist,* fragte sie den Bruder verärgert. Schon früher hatte sie die Besuche von

Ulrike von Levetzow. Photographie im Alter, mit einer eigenhändigen Widmung der Neunzigjährigen im Jahr 1894

Goetheverehrern und einer besonders lästigen *Goetheschwärmerin* resigniert über sich ergehen lassen.

Sie sprach nicht gerne über jene Zeit, die nur ihr gehörte. So enden ihre Aufzeichnungen über die drei Sommer mit Goethe:

Ich kann nur wiederholen, was ich schon oft gesagt: es war eine schöne Zeit, welche wir mit dem so liebenswürdigen Mann verlebt haben, und die Briefe, welche er noch lange Jahre mit meiner Mutter wechselte, zeigten, daß er sie auch nicht vergessen. Sehr viel hat Goethe zu meiner und meiner Schwestern Belehrung beigetragen, da er über so viele Gegenstände mit uns gesprochen und auch meiner Mutter manchen Wink und Rat gegeben.

Gleich nach seinem Tod schrieb der Minister von Müller an meine Mutter und sandte ihr die Elegie, welche, wie man ja sagt, seiner Liebe zu mir ihre Entstehung dankt und die damals noch nicht gedruckt war, und schrieb meiner Mutter, ob sie nicht die Briefe, welche, wie er wisse, sie von Goethe habe, ihm senden wolle, damit sie mit veröffentlicht würden. Mutter wollte aber erst wissen, ob unter dem Nachlaß sich ihre Briefe an Goethe gefunden, das war nicht der Fall; denn wie H. von Müller schrieb, hätten sich in einem Fach des Schreibtischs nur einige kleine Arbeiten, dann Tasse und Glas mit unseren Namen, alles mit einem roten Band zusammengebunden, gefunden; da wolle denn Mutter die Briefe auch nicht veröffentlicht haben und gab sie nicht her, so wie ich auch nicht.

Ich könnte wohl noch viel von der Zeit erzählen, doch ich denke, das genügt, um all das Fabelhafte, was darüber gedruckt, zu widerlegen – denn: keine Liebschaft war es nicht.

Je älter sie wurde, desto mehr interessierte sich die Welt für sie: Ulrike von Levetzow war die letzte noch lebende Frau, die Goethe geliebt hatte.

Die hier wiedergegebenen Aufzeichnungen sind das einzige schriftliche Zeugnis geblieben. Ulrike übergab das Dokument

der Tochter ihres Neffen Franz von Rauch, Louise, die es dann dem Museum von Aussig vermachte. Von öffentlichem Ruhm hatte Ulrike nie etwas gehalten. *Es mag wohl Menschen geben,* schrieb sie an ihre Nichte Theodore, *welche sich glücklich fühlen, so bekannt in der Welt zu sein, ich hätte es vorgezogen, unbekannt geblieben zu sein und mich ganz im Geheimen des Glückes zu erfreuen, daß ein so großer Geist Wohlgefallen an einem so jungen Mädchen fand.*[50]
Eine *Liebschaft war es nicht,* hat sie gesagt. Auch als ihre Freundin Malwine von Höfler neugierig nachforschen wollte, was damals wirklich geschah, antwortete Ulrike: *ich kann versichern, daß Goethe mir außer beim Abschied nie einen Kuß gegeben hat ...*[51]

Als Ulrike von Levetzow mit fünfundneunzig Jahren starb, wurde sie, die alle ihre Familienmitglieder überlebt hatte, in der kapellenartigen Gruft des Friedhofs von Trziblitz bestattet, wo schon ihre Großeltern Brösigke die letzte Ruhe gefunden hatten. Ihr Stiefvater Graf Klebelsberg, der am Ende seines Lebens erblindet war, und ihre Mutter, die am 10. März 1868 im Alter von achtzig Jahren starb, wurden dort ebenfalls begraben. Nur die früh gestorbene Schwester Amélie war im Rauchschen Erbbegräbnis in Potsdam bestattet worden. Für Bertha, die mit ihr die Mädchenschule geleitet und bis zuletzt bei ihr auf Trziblitz gewohnt hatte, ließ Ulrike 1884 in den Grabstein die Inschrift einmeißeln:

Schwesterliebe
Ging mit Dir durch's Leben,
Und sie wacht auch
An der Schwester Grab.
Bricht die Dauer meines Lebens ab,
Bin ich jenseits wieder Dir gegeben.

Grabkapelle der Ulrike von Levetzow auf Gut Trziblitz (Böhmen)

Am 13. November 1899 meldete ein Kärtchen des Kammerdieners Josef Konrad, daß *Frau Baronin heute früh ¾6 ruhig und ohne Schmerzen entschlafen sei.* Die Todesnachricht war in der Prager »Deutschen Zeitung Bohemia« Nr. 317 vom 15. November 1899 zu lesen. Auf ihren Sarg legte man einen aus Weimar geschickten Kranz.[52] Er bestand aus Herbstblumen, die in Goethes Garten gewachsen waren.

- Appel, Sabine, Im Feengarten. Goethe und die Frauen, Stuttgart 1998
- Achim und Bettina in ihren Briefen. Briefwechsel, hg. v. Werner Vordtriede, mit einer Einleitung von Rudolf Alexander Schröder, 2 Bde., Frankfurt am Main 1981
- Bettine und Arnim. Briefe der Freundschaft und Liebe, hg. v. Otto Betz und Veronika Straub, 2 Bände, Frankfurt am Main 1986/1987
- Böttiger, Karl August, Literarische Zustände und Zeitgenossen. Begegnungen und Gespräche im klassischen Weimar, Berlin 1998
- Büch, Gabriele, Alles Leben ist Traum. Adele Schopenhauer. Eine Biographie. Berlin 2002
- Eckermann. Gespräche mit Goethe in den letzten Jahren seines Lebens, hg. v. Christoph Michel unter Mitwirkung von Hans Grüters, Frankfurt am Main 1999
- Geiger, Ludwig, Goethe und die Seinen. Quellenmäßige Darstellungen über Goethes Haus, Leipzig 1908
- Goethe, Johann Wolfgang, Sämtliche Werke, Briefe, Tagebücher und Gespräche (Frankfurter Ausgabe), I. Abteilung: 27 Bände. II. Abteilung: 13 Bände. Frankfurt am Main 1985-1999
- Goethe. Begegnungen und Gespräche, hg. v. Ernst und Renate Grumach. Berlin 1965 ff.
- Johann Wolfgang Goethe. Elegie von Marienbad. Faksimile einer Urschrift, hg. v. Christoph Michel und Jürgen Behrens in Verbindung mit Wolf von Engelhardt u. a. Mit einem Geleitwort von Arthur Henkel. Frankfurt am Main 1983
- Goethe, Johann Wolfgang, Sämtliche Gedichte, hg. v. Karl Eibl, Frankfurt am Main 1998
- Goethes Gespräche, hg. v. Flodoard Frhr. von Biedermann, ergänzt von Wolfgang Herwig, 5 Bde., Zürich und Stuttgart 1965-1984
- Johann Wolfgang von Goethe / Ulrike von Levetzow: »… keine Liebschaft war es nicht«. Eine Textsammlung, hg. v. Jochen Klauß. Zürich 1996
- Die Goethe-Chronik, hg. v. Rose Unterberger. Frankfurt am Main 2002

- Goethe und die Frauen. Katalog der Gemeinschaftsausstellung der Frankfurter Bürger-Stiftung im Holzhausenschlößchen und des Goethe-Museums in Düsseldorf / Anton- und Katharina-Kippenberg-Stiftung 20. 3.-11. 4. 1999, Frankfurt am Main 1999
- Goethes äußere Erscheinung. Literarische und künstlerische Dokumente seiner Zeitgenossen, hg. v. Emil Schaeffer, Leipzig 1914
- Goethe in vertraulichen Briefen seiner Zeitgenossen, hg. v. Wilhelm Bode. Neuausgabe von R. Ott u. P.-G. Wentzlaff. 3 Bde., Berlin und Weimar 1979
- Hesse, Volker, Vermessene Größen. Goethe im Wandel seiner äußeren Gestalt und seiner Krankheiten, Rudolstadt und Jena 1997
- Kirchner, Adolf, Erinnerungen an Goethes Ulrike und an die Familie von Levetzow-Rauch, Aussig 1904
- Kühn, Paul, Die Frauen um Goethe, eingel. und bearb. v. Georg Biermann, Graz – Wien – Leipzig – Berlin 1931
- Loeper, Gustav von, Zu Goethes Gedicht »Trilogie der Leidenschaft«, in: Jahrbuch der Goethe-Gesellschaft VIII, 1987, S. 165-186
- Lüders, Detlev, Goethes Badereisen, in: Jahrbuch des Freien Deutschen Hochstifts 1977, S. 425-436
- Michel, Christoph, Goethe. Sein Leben in Bildern und Texten. Mit einem Vorwort von Adolf Muschg, Frankfurt am Main 1982
- Parthey, Lili, Tagebücher aus der Berliner Biedermeierzeit, hg. v. Bernhard Lepsius, Berlin/Leipzig 1926
- Sauer, August, Probleme und Gestalten. Mit einem Vorwort von Hedda Sauer hg. v. Otto Pouzar, Stuttgart 1933
- Sauer, Hedda, Goethe und Ulrike, Reichenberg 1925
- Seele, Astrid, Frauen um Goethe, Reinbek 1997
- Siebenschein, Hugo, Goethes Liebesglück in Böhmen, in: Festschrift für Louis Leonor Hammerich, Kopenhagen 1962
- Simson, Gerhard, Schicksal im Schatten. Die drei Söhne Napoleons/ Ulrike von Levetzow, München 1970
- Wolfgang Strubell, Ulrike von Levetzow. Leben, Herkunft und Familienkreis, in: Genealogie 30, Heft 6, 1981, S. 566-582
- Suphan, Bernhard, Ulrike von Levetzow, in: Goethe-Jahrbuch Bd. 21, 1900, S. 4-51

- Urzidil, Johannes: Goethe in Böhmen, Zürich und Stuttgart 1962
- »Was ich dort gelebt, genossen ...« ...Goethes Badeaufenthalte 1785-1823. Geselligkeit – Werkentwicklung – Zeitereignisse, hg. v. Jörn Göres, Königstein 1982
- Zweig, Stefan, Die Marienbader Elegie, in: Sternstunden der Menschheit, Frankfurt am Main 1964, S. 91-98

1 Urzidil, S. 155.
2 Goethe in vertraulichen Briefen III, S. 97.
3 W. Strubell in Genealogie 30, Heft 6, 1981, S. 566-582. Dort die Heirat mit 1802 angegeben.
4 Die vierseitige Taufurkunde liegt im Goethe- und Schiller-Archiv in Weimar.
5 Mitteilung Staatsarchiv Weimar v. 10.2. 1981, s. Strubell S. 568/571.
6 Gustav von Loeper, Goethe-Jahrbuch Bd. 8, 1887, S. 165.
7 Vertrauliche Briefe III, S. 97.
8 August Sauer, S. 25.
9 Hedda Sauer, S. 23.
10 Strubell, Genealogie 30, H.6.
11 Simson, S. 132.
12 Erstveröffentlichung 1904 durch August Sauer: Zur hundertsten Wiederkehr ihres Geburtstages (4. Februar 1904), in: »Deutsche Arbeit«, III. Jg. 4. Heft, Jan. 1904, S. 293-307.
13 August Sauer sah das Exemplar noch 1890 in ihren Händen: Urzidil, S. 157.
14 August Sauer, Probleme und Gestalten, S. 25, Anm. 12.
15 Urzidil, S. 126.
16 Vertrauliche Briefe III, S. 113.
17 Vertrauliche Briefe III, S. 102.
18 Strubell, Genealogie 30, H.6.
19 August Sauer, S. 26/28.
20 Urzidil, S. 161.
21 Die Kosten für Aufenthalt vom 2. Juli bis 20. August 1823 betrugen 420 Gulden. S. Urzidil, S. 162.
22 Stettenheim in: Neue Freie Presse, Wien, Morgenblatt vom 23. 3. 1898.
23 Veröffentlicht in: Neue Freie Presse, Wien, Morgenblatt vom 23. 3. 1898.
24 Bernhard Suphan in: Goethe-Jahrbuch Bd. 21, S. 27/28.
25 Goethes Sämtliche Gedichte, hg. v. Karl Eibl, S. 594, Anm. 38.
26 Stettenheim, s. Anm. 22.

27 Vertrauliche Briefe III, 153.
28 August Sauer, S. 28/29.
29 Vertrauliche Briefe III, S. 154.
30 Urzidil, S. 171.
31 Urzidil, S. 171.
32 Vertrauliche Briefe III, S. 154.
33 Urzidil, S. 172.
34 Caroline Gille in: Goethe und die Frauen, Katalog Holzhausenschlößchen 1999, S. 137.
35 Hermann von Egloffstein (Hg.), Alt Weimars Abend, 1923, S. 194.
36 Caroline Gille, Katalog Holzhausenschlößchen, S. 136.
37 Goethe, Gedichte, hg. v. Karl Eibl, 1998, S. 1050.
38 Das Gedicht »An Werther« wurde im März 1824 zur *Neuen Ausgabe der Leiden des jungen Werther* verfaßt, die in Leipzig als Jubiläumsausgabe herauskam.
39 J. W. Goethe, Elegie von Marienbad. Urschrift, S. 9 ff.
40 Simson, S. 138.
41 Briefe (Frankfurter Ausgabe), Die letzten Jahre I, S. 756.
42 Vertrauliche Briefe III, S. 170.
43 Büsch, Adelheid Schopenhauer, S. 134/5.
44 Bettine und Arnim in ihren Briefen, S. 410.
45 Die Briefe sind veröffentlicht bei Adolf Kirchner, 1904, S. 46-57.
46 Hedda Sauer, S. 80.
47 Simson, S. 151.
48 Hedda Sauer, S. 9.
49 Die Briefe befinden sich im Goethe- und Schiller-Archiv Weimar. Der Korrespondenz liegt ein Zettel bei mit der Aufzählung, welche Briefe von ihr verbrannt worden seien: 123 Briefe der Großeltern 1820-1840. 55 Briefe der Mutter bis 1845. 2690 Briefe von Theodos von Levetzow. 872 Briefe der Nichte Bertha 1831-1869 und 360 Briefe von Franz von Rauch.
50 Simson, S. 147.
51 Simson, S. 146.
52 Urzidil, S. 178.

Bildnachweise

Artothek, Weilheim: 104
Freies Deutsches Hochstift/Frankfurter Goethe-Museum, Fotos David Hall: 29, 40, 75
Goethe-Museum, Düsseldorf, Fotos Walter Klein: 8, 9, 10, 27, 42, 44
Emil Havlacek, Prag: 110
Muzeum Literatury im. Adama Mickiewicza, Warschau: 54
Stiftung Weimarer Klassik: 5, 13, 33, 107

Alle anderen Abbildungen stammen aus Privatbesitz oder aus dem Archiv des Insel Verlag, Frankfurt am Main.

Wir danken Clemens Greve von der Frankfurter Bürgerstiftung im Holzhausenschlößchen für die freundliche Unterstützung.

Inhalt

 Bezugspapier: Werner Zegarzewski. Gesetzt in der Schrift Adobe Caslon. Gedruckt auf holzfreies, alterungsbeständiges Werkdruckpapier der Firma Cordier, Bad Dürkheim, vom Druckhaus Nomos, Sinzheim. Gebunden in Fadenheftung von der Buchbinderei Spinner, Ottersweier.

Printed in Germany. Erste Auflage 2005.

ISBN 978-3-458-19265-7